**Elisabeth Armbruster**
Schutterstr. 24
77743 Neuried

# Närrisches Doppel

# Närrisches Doppel

Zwiegespräche und Wortduelle
für die tollen Tage

herausgegeben von
Doris Kunschmann

Im FALKEN Verlag sind eine Reihe von Titeln zum Thema Karneval erschienen. Sie sind überall erhältlich, wo es Bücher gibt.

Sie finden uns im Internet: **www.falken.de**

Dieses Buch wurde auf chlorfrei gebleichtem und säurefreiem Papier gedruckt.

Der Text dieses Buches entspricht den Regeln der neuen deutschen Rechtschreibung.

ISBN 3 635 60680 4

© 2000 by FALKEN Verlag, 65527 Niedernhausen/Ts.
Die Verwertung der Texte und Illustrationen, auch auszugsweise, ist ohne Zustimmung des Verlags urheberrechtswidrig und strafbar. Dies gilt auch für Vervielfältigungen, Übersetzungen, Mikroverfilmung und für die Verarbeitung mit elektronischen Systemen.

**Umschlaggestaltung:** Rincón² Design & Produktion GmbH, Köln
**Herstellung:** Doris Wieke, Wiesbaden; Christina Dinkel
**Illustrationen:** Assen Münning, Wiesbaden
**Redaktion:** Doris Wieke, Wiesbaden
**Koordination:** Regine Gamm
**Satz:** WIEKEtext, Wiesbaden
**Druck:** Freiburger Graphische Betriebe GmbH, Freiburg

817 2635 4453 6271

# Inhalt

Vorwort ................................. 7

## Für Sie

Tratsch im Treppenhaus ..................... 8
*Karl Heinz Olm*

Zwei Putzfrauen .......................... 14
*Josef Hartmann*

Zwei aus der „Linsegass" ................... 19
*Marianne Meyer*

Trinchen und Julchen ...................... 25
*Heinz Schmalenbach*

Mutter und Tochter ....................... 29
*Anne Zenner*

Kättchen tratscht mit Eulalia ................ 36
*Anne Zenner*

## Für Ihn

Knolle und Bolle beim Bier ................. 40
*Karl Heinz Olm*

Tünnes und Schäl ......................... 46
*Heinz Weyandt*

Toni und Hein in der Kneipe .................. 52
   *Heinz Weyandt*

Heinz und Werner plaudern ................... 56
   *Heinz Schmalenbach*

Fünf-Sterne-Menü ............................ 61
   *Erich Müller*

Fritz und Friedrich ........................... 65
   *Oliver Beck*

Flipp und Flapp ............................. 71
   *Helmut Bohrer*

Vize-Ballett (Tanzgruppe) ..................... 78
   *Anne Zenner*

# Vorwort

Was ist das Schönste in der so genannten „fünften Jahreszeit"? Sind es die Sitzungen oder die Rosenmontagsumzüge? Ist es das Treiben vor oder hinter den Kulissen? Die Zeit zwischen dem 11.11. und dem Aschermittwoch ist bunt, vielfältig und ursprünglich. Seit jeher wird sie ungeduldig erwartet, freudig begrüßt und voller Einsatz gefeiert. Selbst der größte Muffel – gerät er in eine der Karnevalshochburgen – wird bekehrt und verfällt dem närrischen Treiben. Trinken, lachen und flirten, wer kann da schon widerstehen?

Für manch einen artet die närrische Zeit aber auch in Stress aus. Das Prinzenpaar zum Beispiel, das sich möglichst auf jeder stattfindenden Karnevalssitzung zeigen soll, oder gar die Vorstände der zahlreichen Vereine selbst, für die der Karneval schon lange vor dem 11.11. beginnt. Da sind die zahlreichen Tanz- und Musikgruppen und nicht zu vergessen die vielen, vielen Büttenredner. Die witzigen Redenschwinger stehen in vorderster Reihe der aktiven Narren und unterhalten das närrische Volk.

Ob nun allein oder zu zweit: Kein Thema bleibt vergessen. In diesem Band finden Sie ausschließlich Zwiegespräche und Wortduelle für zwei, denn im Doppel geht alles besser. Sicher: Hier müssen Sie kleine spielerische Absprachen treffen, der Text darf nicht ohne weiteres während des Vortrages improvisiert werden, doch der doppelte Spaß entschädigt ganz sicher für die etwas aufwendigere Probenarbeit. Schauen Sie rein, Sie finden auf den folgenden Seiten ganz sicher die eine oder andere Anregung.

# Tratsch im Treppenhaus

*Frau Ross – in Kittel, mit Schrubber – ist gerade beim Treppe wischen. Frau Reiter – etwas billig aufgemacht – will mit ihrem Müllbeutel schnell an Frau Ross vorbei, als diese sie unvermittelt anspricht.*

Frau Ross: Ach, Frau Reiter, wer war denn gestern der Herr mit dem Glassplitter im Auge, der Sie besuchte?

Frau Reiter: Glassplitter? Meinen Sie den Herrn mit dem Monokel?

Frau Ross: Ja, den meine ich. – Ach, ein Monokel ist das. So ein Teil ist heutzutage schon sehr selten.

Frau Reiter: Das ist wohl wahr, liebe Frau Ross. Aber um ihre Frage zu beantworten: Der Herr war Staatssekretär Reinsch vom Verkehrsministerium.

Frau Ross: Wenn Sie das sagen. Und mit dem verkehren Sie? Fällt denn sein Monokel nicht runter, wenn er mit Ihnen – verkehrt?

Frau Reiter: Wo denken Sie hin, meine Liebe. Er hat das Ding doch an der Leine.

Frau Ross: Ich meine ja nur. Der Mann hat ja doch so einen schönen Bart. Wenn der ihn zum Beispiel im Nasenloch kitzelt, könnte das Monokel ja runterfallen.

Frau Reiter: Sie haben ja eine Fantasie, liebe Frau Ross! – Aber da Sie fragen: Der Herr Staatssekretär Reinsch hatte eine dringende Konferenz mit meinem Gatten.

*Frau Ross:* Ach, mit Ihrem Gatten? Ist das Ihr Mann, Frau Reiter? Sonst sagen Sie doch immer „mein Berndchen" zu ihm.

*Frau Reiter:* Man muss mit der Zeit gehen, wenn Sie verstehen, was ich meine.

*Frau Ross:* Nein, was meinen Sie denn?

*Frau Reiter:* Sie sind ja ganz schön neugierig. – Ich meinte, dass mein Gatte jetzt im Verkehrsministerium sitzt.

*Frau Ross:* Ach was, der sitzt schon wieder? Aber warum denn? Er wurde doch gerade erst entlassen?

*Frau Reiter:* Jetzt reicht es aber, Frau Ross. – Er war doch nur wegen eines Verkehrsdeliktes in Untersuchungshaft. Nicht im Gefängnis.

*Frau Ross:* Ach, jetzt heißt es also Verkehrsdelikt. – Was macht er denn im Verkehrsministerium?

*Frau Reiter:* Sie wollen ja wirklich alles wissen.

*Frau Ross:* Na, wo wir doch Tür an Tür wohnen.

*Frau Reiter:* So genau weiß ich es auch nicht, liebe Frau Ross. Ich darf es Ihnen ja sowieso nicht sagen, wegen des Datenschutzes. Sie verstehen.

*Frau Ross:* Datenschutz?

*Frau Reiter:* Na ja, also unter uns: Er sitzt in der Pförtnerloge. Da sieht er die Politiker live, die wir nur vom Fernsehen kennen.

*Frau Ross:* Politiker Leif? In welcher Partei ist der denn?

*Frau Reiter:* Nicht Leit, sondern live. Das ist Englisch, man sagt so und ... *(verlegen)*

*Frau Ross:* Na und?

*Frau Reiter:* ... und dann sieht er die Politiker im Verkehrsministerium rein- und rauskommen. *(hat sich gefangen)* Das sind die Minister. Einmal hat er sogar den Bundeskanzler gesehen. Jawohl, liebe Frau Ross.

*Frau Ross:* Ach, liebe Frau Reiter, könnten Sie Ihrem Mann nicht mal sagen, wenn wieder der Bundeskanzler an ihm vorbeigeht, dass er ihn fragen soll, ob er nicht auch eine Stelle für meinen Mann hat?

*Frau Reiter:* Das wird schlecht gehen. Ihr Mann müsste wirklich über mehr Schulbildung verfügen. Darum hat es gar keinen Zweck.

*Frau Ross:* Warum denn nicht, liebe Frau Reiter? Er ist doch bei der freiwilligen Feuerwehr. Als das Gymnasium brannte, musste er dort löschen. Und wenn Sie den mit dem Glasauge an der Leine mal fragen?

*Frau Reiter:* Den kenne ich noch nicht lange genug. Vielleicht mal später, aber Ihr Mann müsste sich gewaltig ändern.

*Frau Ross:* Wieso ändern? Wir sind jetzt 16 Jahre verheiratet, und ich will ihn so behalten, wie er ist.

*Frau Reiter:* Ich meine ja nur, liebe Frau Ross. Für seine Gesichtsfarbe kann er nichts.

*Frau Ross:* Gesichtsfarbe? Gefällt Ihnen die denn nicht?

*Frau Reiter:* Sie erinnert mich an Rote Grütze. Wenn er redet, dann klingt das wie eine alte Schreibmaschine, die nicht mehr alle Tasten hat. Nein, nein liebe Frau Ross, das intelligenteste an Ihrem Mann ist doch sein Weisheitszahn. Und der genügt nicht für die Pförtnerlaufbahn im Verkehrsministerium.

*Frau Ross:* *(erregt)* Was heißt hier alte Schreibmaschine und Weisheitszahn? Kann Ihrer denn zwei und drei zusammenzählen?

*Frau Reiter:* Ist ja gut, liebe Frau Ross. – Seine Kleidung lässt ebenfalls zu wünschen übrig.

*Frau Ross:* Die Kleidung? Er hat doch erst fast neue Jeanshosen aus einem Secondhandshop bekommen. Sein Hemd kann ich ja vorher waschen, oder?

*Frau Reiter:* Es mangelt ihm auch an Umgangsformen. Neulich sah ich durch den Türspion, wie er Sie begrüßte. Besonders freundlich hat er Sie da nicht gerade angeredet.

*Frau Ross:* Wenn er zu mir „Alte" sagt, ist das ganz intim und geht Sie gar nichts an. Ich hab auch mal durch den Türspion gesehen, wenn Sie Ihren Mann begrüßt haben.

*Frau Reiter:* So, was haben Sie denn da gesehen, Sie … Sie Nachbarin Sie, wenn ich mal fragen darf?

*Frau Ross:* Geknutscht haben Sie ihren Mann, als ob Sie ihn waschen wollten. Wegen seiner Haare sollte der auch mal zum Gärtner gehen.

*Frau Reiter:* Wieso zum Gärtner?

*Frau Ross:* Der kann ihm die Haare mit der elektrischen Heckenschere schneiden.

*Frau Reiter:* Nun aber mal langsam, Frau Ross. Wenn ich meinen Mann etwas heftig küsste, dann war das ein Ausdruck meiner Freude. Er erzählte mir nämlich, dass der Herr Staatssekretär Reinsch uns besuchen kommt.

*Frau Ross:* Natürlich, der Herr Staatssekretär vom Verkehrsministerium. Gratuliere, Frau Reiter. So weit habe ich es nicht gebracht. Gebe ich ganz ehrlich zu. Aber mit den hohen Herren ist nicht immer gut Kirschenessen. Da müssen Sie aufpassen. Meiner ist zwar nur bei der Städtischen Müllabfuhr. Doch er bekommt mal Pension, ja.

*Frau Reiter:* Pah, Müllabfuhr!

*Frau Ross:* Lachen Sie nicht! Er ist sozusagen mein Verkehrsministerium. Und was mein Mann an Bildung hat, liebe Frau Reiter, vielleicht haben Ihre beiden zusammen das nicht!

*Frau Reiter:* Von der Müllabfuhr ist Ihrer also? So, so! Habe ich nicht gewusst, ehrlich. Dann ist er wohl sehr für Reinlichkeit?

*Frau Ross:* Das können Sie glauben, meine Liebe. Wenn er kommt, tritt er sich jedesmal die Füße ab.

*Frau Reiter:* Ach, der ist das! Der hat doch den alten Schlips um, den mein Mann früher getragen hat. Ich kann mich ja irren. Viel ist durch den Türspion ja nicht zu sehen.

*Frau Ross:* Da könnten Sie recht haben. – Ich konnte auch nicht genau erkennen, wo der Staatssekretär überall hingegrapscht hat. Sie können mir ja mal erzählen, wie er so ist. Das fällt doch hoffentlich nicht unter den Datenschutz? Man lernt doch gerne was dazu.

*Frau Reiter:* Es ist immer das gleiche, Frau Ross. Da kennen Sie sich sicher besser aus als ich.

*Frau Ross:* Das glaube ich nicht. Wenn einer mit einem Monokel kommt, dann muss das wohl anders sein, meine ich. Haben Sie wegen dem das neue Kleid gekauft?

*Frau Reiter:* Was geht Sie denn das an?

*Frau Ross:* Irgendwo hab ich das schon einmal gesehen. Ich weiß nur im Moment nicht wo!

*Frau Reiter:* Das Kleid können Sie nicht „irgendwo" gesehen haben! Es ist ein Modellkleid!

*Frau Ross:* Jetzt fällt's mir wieder ein. Im Katalog vom Versandhaus hab ich es gesehen. Ja, ja, gleich auf der ersten Seite.

*Frau Reiter:* Versandhaus? Was reden Sie denn da!

*Frau Ross:* Tja, auch Staatssekretäre müssen sparen.

# Zwei Putzfrauen

*Frau Babbisch betritt von links, Frau Dreckisch von rechts die Bühne. Beide tragen Kittelschürze und Kopftuch; eine hat einen Besen dabei, die andere Schrubber und Eimer.*

*Babbisch:* Ei, guten Tag, Frau Dreckisch!

*Dreckisch:* Ei, guten Tag, Frau Babbisch!

*Babbisch:* Sagen Sie mal, Frau Dreckisch, woher hat denn Ihr Herr Gemahl die beiden Veilchen an den Augen? War Ihr Herr Verehrtester vielleicht in eine Schlägerei verwickelt gewesen?

*Dreckisch:* Oh, wo denken Sie denn hin, Frau Babbisch, das sind nur zwei Heimkehrerdenkmäler. Beim linken Denkmal glaubte ich, es sei ein Einbrecher, und am rechten Denkmal war mein Mann selber schuld. Er hätte sich ja rechtzeitig bücken können!

*Babbisch:* O je, Frau Dreckisch, was war das gestern abend wieder ein Krach bei Ihnen! Die ganze Straße spricht ja davon.

*Dreckisch:* Das war weiter nichts Schlimmes, Frau Babbisch, da hat nur im Krimi einer laut die Haustür zugeschlagen, und da ist unser Fernseher umgefallen. Die Rechnung an das Zweite Programm in Mainz ist schon unterwegs!

*Babbisch:* Was ich Sie schon immer mal fragen wollte, Frau Dreckisch, wieso haben Sie sich denn acht Kinder angeschafft? Ich meine, bei der heutigen schlechten Lage ist die Erziehung und Finanzierung der Kinder fast schon eine unlösbare Aufgabe.

*Dreckisch:* Wissen Sie, Frau Babbisch, mein Mann und ich haben an Weihnachten immer das schöne Lied „Ihr Kinderlein kommet" gesungen, und da ist dann auch eines nach dem anderen gekommen!

*Babbisch:* Ja, Frau Dreckisch, und was singen Sie während der übrigen Zeit des Jahres?

*Dreckisch:* Frei nach Beate Uhse: „Lasst uns froh und munter sein!" Übt das Ihr Mann nicht mit Ihnen?

*Babbisch:* Sagen sie mal, Frau Dreckisch, böse Zungen in unserer Nachbarschaft behaupten, Ihr Mann sei kürzlich in der Justizvollzugsanstalt zu Gast gewesen!

*Dreckisch:* Das sind alles üble Verleumdungen, Frau Babbisch, in der JVA ist kürzlich beim Tütenkleben jemand ausgefallen, und da ist mein Mann zuvorkommenderweise für den eingesprungen!

*Babbisch:* Ist Ihr Mann, Frau Dreckisch, auch wieder arbeitslos? Meiner hat ja immer Pech mit seinen Jobs.

*Dreckisch:* Über Tag, ja, Frau Babbisch, aber nachts, da arbeitet er für drei.

*Babbisch:* Wo denn, Frau Dreckisch?

*Dreckisch:* Ei bei mir im Bett!

*Babbisch:* Ist er denn noch so rüstig?

*Dreckisch:* Das können Sie glauben, Frau Babbisch, der sägt jede Nacht mindestens zehn Ster Holz. – Wann machen Sie denn endlich Ihren Führerschein, Frau Babbisch, Sie haben doch bereits 200 Fahrstunden hinter sich?

*Babbisch:* Das dauert noch ein bisschen, Frau Dreckisch, mein Fahrlehrer hat gemeint, ich soll zuerst noch den Jagdschein machen, damit ich später dann besser rückwärts in die Parklücke und am Stopschild über die Kreuzung schießen kann! – Sagen Sie mal, Frau Dreckisch, ich habe gehört, Ihr Mann hätte im letzten Jahr einige schwere Verkehrsunfälle erlitten.

*Dreckisch:* Da haben Sie recht, Frau Babbisch, bei zwei Kindern steht seine Vaterschaft bereits fest; beim dritten ist die Schuldfrage noch nicht geklärt!

*Babbisch:* Da kommen aber allerhand Alimente auf Sie zu, Frau Dreckisch!

*Dreckisch:* Nee, nee, Frau Babbisch, mit Ausländern geben wir uns nicht ab!

*Babbisch:* Frau Dreckisch, sagen Sie, ist Ihre Tochter immer noch mit dem rassigen jungen Mann verlobt? Das geht doch schon eine sehr lange Zeit, werden die denn nicht bald heiraten?

*Dreckisch:* Wissen Sie, Frau Babbisch, meine Tochter und ich haben an dem jungen Mann ein gemeinsames Interesse, und solange mein Mann nicht dahinterkommt, kann der derzeitige Zustand weiter erhalten bleiben!

*Babbisch:* Kommen Ihre Kinder in der Schule immer gut mit?

*Dreckisch:* Prima, Frau Babbisch, im Singen haben die alle eine glatte Eins.

*Babbisch:* Und in den anderen Fächern?

*Dreckisch:* Da kennt sich mein Mann leider nicht so gut aus!

*Babbisch:* Haben Sie schon gehört, Frau Dreckisch, die Frau unseres Nachbarn ist durchgebrannt?

*Dreckisch:* Ja, Frau Babbisch, und seitdem er das weiß, sitzt er im Gasthaus und löscht!

*Babbisch:* Warum, Frau Dreckisch, hat denn Ihr Mann am letzten Sonntag so geweint, als ich ihn am Fenster sah? Dem sind ja die Tränen nur so die Backen heruntergelaufen. Haben Sie in der Familie einen Trauerfall?

*Dreckisch:* Nee, nee, Frau Babbisch, er hatte nur für den Gulasch drei Kilo Zwiebeln geschält!

*Babbisch:* *(kratzt sich)* Sagen Sie mal, Frau Dreckisch, juckt es Sie neuerdings auch immer so?

*Dreckisch:* Keineswegs, Frau Babbisch, unsere Flöhe sind gut erzogen, die gehen nur an unseren Hund!

*Babbisch:* Meine liebe Frau Dreckisch, warum ist denn Ihr Mann neuerdings dauernd bei der Polizei und vor dem Gericht?

*Dreckisch:* Das ist wegen dem Justizirrtum, liebe Frau Babbisch. Mein Mann ist nämlich so dumm, dass sich bei ihm die Justiz nie irrt!

| | |
|---|---|
| *Frau Babbisch:* | Sagen Sie mal, Frau Dreckisch, was halten Sie denn so von der Politik? |
| *Dreckisch:* | Wenn Sie mich fragen, Frau Babbisch, nicht viel. Vor der Wahl tun sie verheißen, während der Wahl entgleisen und nach der Wahl auf die Versprechungen nicht mehr reagieren. |
| *Frau Babbisch:* | *(zieht die Nase hoch)* Mmm, Frau Dreckisch, riechen Sie nichts? Ich glaube es riecht wie angebrannt! |
| *Dreckisch:* | Mein Gott, mein Rollbraten! |
| *Babbisch:* | O du barmherziger Strohsack, mein Bügeleisen! Rufen Sie die Feuerwehr, ich rette derweil unsere Versicherungspolice. |
| *Beide:* | *(Abgang nach links und rechts)* |

# Zwei aus der „Linsegass"

*Helga und Marianne – die einen wirk-lich verrückten Hut trägt – kommen auf die Bühne, als würden sie schon einige Zeit miteinander plaudern.*

Helga: Also Marianne, deine Kopfbedeckung, die du da aufhast, gefällt mir ja sehr gut.

Marianne: Ja, das ist das Pariser Modell „vorletzter Schrei".

Helga: Für was denn „vorletzter Schrei"?

Marianne: Ja, den letzten Schrei hat mein Mann ausgestoßen, wie er den Preis gehört hat.

Helga: Was hast du denn da für eine schöne Brosche an?

Marianne: Die habe ich von einem amerikanischen Millionär.

Helga: Wie heißt der denn?

Marianne: Woolworth.

Helga: Sag mal, wie ich auf dem Weg hierher war, hat mich ein junger Mann so freundlich angelächelt, das wird doch wohl kein Mädchenhändler gewesen sein?

Marianne: Oh, Helga, Mädchenhändler! Es wird wohl eher ein Antiquitätenhändler gewesen sein. – Stell Dir vor, wie ich hierher kam, sagte vor der Stadthalle ein junger Mann zu mir: „Fräulein". Denk mal Fräulein ...

*Helga:* Ja du lieber Himmel, wer denkt denn auch, dass dich jemand geheiratet hat?

*Marianne:* Ach, Helga, du bist ja wieder sehr nett zu mir? – Sag mal, ich habe unseren neuen Ortsvorsteher, den Bocks Herbert, in der letzten Zeit gar nicht gesehen. Weißt du was?

*Helga:* Also, wie ich ihn das letzte Mal gesehen habe, hat der nicht mal ein Hemd am Leib gehabt.

*Marianne:* Jesses, wo hast du den denn so gesehn?

*Helga:* Ja, im Hallenbad.

*Marianne:* Also, die letzte Zeit treibt mir mein Mann die Galle über. Mit dem war ich auf dem Arbeitsamt, Arbeit suchen. Jetzt ist er als Eisenbahner beschäftigt. Das ist der absolut richtige Posten für ihn: Jetzt kann er einen fahren lassen oder einen zurückhalten, gerad wie es ihm passt. – Spielt eigentlich dein Mann ein Instrument, Helga?

*Helga:* Na klar! Daheim die zweite Geige.

*Marianne:* Sag, hast du schon gehört, dass meine Tochter nächste Woche einen Gerichtsvollzieher heiratet.

*Helga:* Sag bloß? Na ja, sie ist ja auch das einzige, was bei euch noch zu holen ist. Kommt zu der Hochzeit auch euer dicker Onkel?

*Marianne:* Ja sicher, mein Sohn fährt gerade auf den Bahnhof, den Onkel abholen.

*Helga:* Der geht doch gar nicht in euer kleines Auto.

*Marianne:* Oh, dann fährt mein Sohn eben zweimal. – Habt ihr noch euer altes Auto?

*Helga:* Ja, ja. Dauernd haben wir Huddel damit. Wie mir das letzte Mal in der Werkstatt damit waren, sagte der Meister zu uns: „Wenn euer Auto ein Pferd wäre, müsste der Viehdoktor es glatt erschießen!"

*Marianne:* Sag mir nichts von den Doktoren, das ist da auch nicht mehr wie früher. Wie man 20 war, musste man sich immer ganz ausziehen, bei 40 nur noch oben frei, jetzt mit 60 muss man nur noch die Zunge zeigen. –
Aber sage Helga, was hast du denn da für eine riesige blaue Beule auf dem Kopf?

*Helga:* Gestern bin ich aus unserer Tür rausgekommen, schlägt mir einer auf den Kopf und sagt: „Beim Gongschlag ist es ein Uhr!"

*Marianne:* Da hattest du aber Glück, dass es nicht 24 Uhr war! – Du hattest übrigens am Montag einen tollen Pelzmantel an. Wo hast du den denn her?

*Helga:* Ja, den Mantel habe ich von meinem Freund geschenkt bekommen.

*Marianne:* Sag bloß? Was hast du denn da machen müssen?

*Helga:* Oh, gar nicht viel, nur die Arme ein bisschen kürzen.

*Marianne:* Warum hat denn dein Walter dem Klaus sechs Zähne ausgeschlagen?

*Helga:* Na, der hat einfach nicht mehr im Mund gehabt.

*Marianne:* Ach, das war sicher auch einer mit einem Lottogebiss: 6 aus 32.

*Helga:* Sag mal, ich hab gehört, dein Schatz hat dir zu Weihnachten einen Wellensittich geschenkt!

*Marianne:* Oh ja, der schwatzt den ganzen Tag an einem Stück.

*Helga:* Ja, hat der denn überhaupt eine Chance gegen dich? – Stell Dir vor, drei Tage vor Weihnachten haben wir für Briefmarken in der Post Schlange gestanden. Kam doch die Marlies und rast an allen vorbei. Da sagte ich: „Hinten anstellen!" Da sagte sie: „Ich will nur Briefmarken." – „Ja", sagte ich, „meinst du, wir würden uns hier zur Polonaise aufstellen?"

*Marianne:* Ich hatte auch unlängst ein Erlebnis. Ich hatte einen Abstecher nach Trier gemacht. Im Abteil saß mir so ein Opachen gegenüber. Er sagte zu mir: „Oh, Sie riechen so gut, was für ein Duft ist das denn?" Ich sagte: „4711". Im Tunnel bekam ich einen Duft von dem Opa, der nicht von schlechten Eltern war. Ich sagte: „Was für ein Duft ist das denn?" – „Ja, 1990. Zwei Portionen Bohnensuppe à 9,95 DM!"

*Helga:* Warst du dieses Jahr auch in Urlaub? Wir waren in der Eifel, aber wir hatten keine Zeit den Eiffelturm zu besichtigen.

*Marianne:* Also, ich war in meinem Urlaub in einem ganz stink vornehmen Hotel. Stell dir vor, da musste man sich sogar in ein goldenes Gästebuch eintragen. Da stand doch

 tatsächlich: Gerhard Schröder, MdB. Ich habe gefragt, was das heißen soll. Sagte der Wirt: „Mitglied des Bundestags." Ich habe meinen Namen direkt darunter geschrieben: Marianne Meyer, MdO. Mitglied der Ortskrankenkasse.

*Marianne:* Sag, Helga, ich habe gehört, dein Mann käme nur an den Feiertagen heim.

*Helga:* Oh, Marianne, das ist nicht schlimm. Die paar Tage gehen auch noch vorbei.

*Marianne:* Hör mal, Helga, ich hatte doch da diese Party gemacht, wo auch deine Eltern eingeladen waren. Oh, ich hatte nicht mehr genug Kaviar. Da habe ich mit Schrot verlängert. Haben deine Eltern nichts gesagt?

*Helga:* Ja, jetzt geht mir ein Licht auf. Wie mein Papa sich am anderen Tag bückte, um die Stiefel anzuziehen, hat er unseren Hund erschossen.

*Marianne:* Am zweiten Weihnachtstag hatte ich im AW-Heim im Schinkenloch einen Besuch gemacht. Es wurde ein bisschen spät und da habe ich den Peter Meier gefragt – der wohnt ja da unten – ob ich über seinen Hof laufen dürfte, dann bekäme ich noch den Bus um ein Uhr. „Oh", sagte der, „Frau Meyer, ich lasse meinen wilden Stier aus dem Stall, dann bekommen Sie den Bus um halb eins noch!"

*Helga:* Du, Marianne, vor Weihnachten, da habe ich meinem Walter noch Unterhosen gekauft. Es gab ja tolle Muster. Veilchen, Schlüsselblumen, Margariten, Rosen, Lilien und so. Aber ich sagte: „Fräulein, die sind mir all zu munter. Haben Sie kein Modell mit Hängegeranien oder Trauerweiden?"

*Marianne:* Helga, das muss ich dir noch als letztes erzählen. Vorige Woche besichtigten wir mit der Volkshochschule ein Gefängnis. Also, da geht es vielleicht militärisch zu. Weißt du, wenn da die Wärter nach der Verdauung morgens fragen, dann geht das so:
Zelle 1: Stuhl? Ja! Wann? 9 Uhr! Wie? Dünn!
Zelle 2: Stuhl? Ja! Wann? 10 Uhr! Wie? Fest!
Zelle 3: Stuhl? Ja! Wann? Heut abend! Wie? Elektrisch!

*Helga:* Ach, du gehst immer noch auf die Volkshochschule?

*Marianne:* Ja, man muss sich doch bilden. Kennst du den Edison?

*Helga:* Nein, den kenn ich nicht.

*Marianne:* Ich sage es Dir: Das ist der Erfinder der Glühlampe. Kennst du den Gutenberg?

*Helga:* Keine Ahnung.

*Marianne:* Das ist der Erfinder der Buchdruckerkunst.

*Helga:* Kennst du denn die Bache Bibbi?

*Marianne:* Nicht das ich wüsste.

*Helga:* Ja, das ist das tolle Weib, das immer mit deinem Mann spazieren geht, wenn du auf der Volkshochschule bist.

*Beide:* Helau!

# Trinchen und Julchen

*Beide tragen normale Straßenkleidung; Trinchen trägt einen Einkaufskorb, Julchen schleppt einen Bierkasten mit sich. – Trinchen kommt etwas früher als Julchen.*

Trinchen: Also, ich erzähle Klatschgeschichten ja nicht gerne weiter, aber was soll man sonst damit machen?

Julchen: *(kommt auf die Bühne)* Hallo, Trinchen!

Trinchen: Hallo, Julchen! Schön, dich zu sehen. Fast hätte ich dich ja nicht erkannt.

Julchen: Das ging mir genauso. Sind ja auch schon fast zwei Jahre her, dass wir uns das letzte Mal trafen. Ich habe dich auch nur noch an deinem Kleid erkannt. Wie geht es dir denn so?

Trinchen: Ich kann dir sagen, du warst ja ganz schön dumm, als du dem Erwin den Laufpass gegeben hast. Jetzt will er mich heiraten.

Julchen: Das wundert mich gar nicht. Als er ging, meinte er nämlich, er wäre zu jeder Wahnsinnstat bereit. Hat er dir eigentlich erzählt, dass er sogar mit mir verlobt war?

Trinchen: Nein, wenigstens nicht ausführlich. Er hat nur mehrfach erwähnt, dass er in seiner Jugend eine Menge Dummheiten gemacht habe!

Julchen: Ich bin inzwischen verheiratet.

*Trinchen:* Was? Dich hat einer genommen? Ach, darum das Bier.

*Julchen:* Brauchst gar nicht so blöd zu tun!

*Trinchen:* Was ist er denn von Beruf?

*Julchen:* *(stolz)* Archäologe.

*Trinchen:* Archäologe! Sag mal, Julchen, ist das nicht sehr langweilig, mit einem Archäologen verheiratet zu sein?

*Julchen:* Im Gegenteil, je älter ich werde, desto mehr interessiert er sich für mich! Gestern hat er noch zu mir gesagt, ich hätte eine klassische Figur. Was ist eigentlich klassisch?

*Trinchen:* Alles, was alt ist. Warum hast du eigentlich einen Archäologen geheiratet? Dass du mit deinem Mann nicht viel gemeinsam hast, sieht doch jeder!

*Julchen:* Ach, weißt du, Trinchen, das ist wohl die alte Geschichte von den Gegensätzen, die sich anziehen. Ich war damals schwanger und er nicht!

*Trinchen:* Was sagst du dazu, der Erwin ist gestern vor mir auf die Knie gefallen?

*Julchen:* Ich habe ja schon immer gesagt, du bohnerst einfach zu glatt.

*Trinchen:* Ach, du hast ja gar keine Ahnung! Der Erwin ist ja so romantisch. Gestern sagte er zu mir, mir würden nur noch zwei Flügel fehlen.

*Julchen:* Zum Engel oder zur Gans?

**Trinchen:** Du bist nett, wie immer. – Stell dir das vor, Julchen, bei uns ist eingebrochen worden! Die Einbrecher haben doch wahrhaftig die Schmucksachen alle liegen lassen.

**Julchen:** Das müssen aber wirkliche Fachleute gewesen sein!

**Trinchen:** Hat dein Ehemann eigentlich auch so entsetzlich teure Hobbys wie der Erwin?

**Julchen:** Ja, das kann man wohl sagen, er zahlt Alimente für vier. Und was macht der Erwin?

**Trinchen:** Der besitzt einen eigenen Hobbyraum.

**Julchen:** Ja, und was macht er im eigenen Hobbyraum?

**Trinchen:** Er züchtet Kaninchen.

**Julchen:** Versteht Erwin denn etwas davon, wie man Kaninchen züchtet?

**Trinchen:** Er nicht, aber die Kaninchen!

**Julchen:** Man kann ja ansonsten über meinen Mann sagen, was man will. Eins muss ich ihm lassen, er trinkt nicht mehr, er raucht nicht mehr, er geht nicht mehr aus!

**Trinchen:** Ein Mustergatte! Was macht er denn stattdessen?

**Julchen:** Schimpfen, dass andere Männer das dürfen!

**Trinchen:** Ja, man muss halt wissen, wie man mit den Männern umzugehen hat. In meiner Jugend zum Beispiel, da hat sich einer meinetwegen erschossen!

*Julchen:* Sollte er dich etwa heiraten?

*Trinchen:* Tja, ich war ja gestern zu Probeaufnahmen beim Film.

*Julchen:* *(erstaunt)* Ja?

*Trinchen:* Ja, da guckst du. Da habe ich auch Götz George kennen gelernt.

*Julchen:* Ach, rede keinen Quatsch!

*Trinchen:* Doch ehrlich. Hat er mir doch selber gesagt. Er hat gesagt: „Wenn Sie Schauspielerin sind, dann bin ich Götz George!"

*Julchen:* Was musstest du denn so alles bei den Probeaufnahmen machen?

*Trinchen:* Ich musste den ganzen Tag reiten.

*Julchen:* Und, hast du die Rolle bekommen?

*Trinchen:* Ich nicht! Aber das Pferd.

*Julchen:* Hast du schon gehört, die Post sucht Briefträger!

*Trinchen:* Ach du meine Güte, ich muss sofort nach Hause. Ich habe versehentlich den Kleiderschrank abgeschlossen. Tschüs, Julchen!

*Julchen:* Tschüs, Trinchen!

# Mutter und Tochter

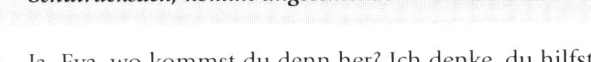

*Die Mutter – typische Hausfrau – wartet schon auf der Bühne. Eva – Kaugummi, bunte Haare, Bauch frei, Plateauschuhe, Schulrucksack, kommt angeschlendert.*

*Mutter:* Ja, Eva, wo kommst du denn her? Ich denke, du hilfst Papa die Garage aufräumen.

*Eva:* Hab ich ja! Aber wie mir aus Versehen der Wagenheber auf seinen Fuß gefallen ist, hat Papa gesagt, ich soll mich zum Teufel scheren!

*Mutter:* Ah so! Und dann kommst du ausgerechnet zu mir? Und wie du wieder aussiehst! Und erst die Unordnung in deinem Zimmer! ... Ja, willst du mir nicht wenigstens antworten, Eva?

*Eva:* Ach, du hast es mit mir? Ich dachte, du sprichst mit Papa!

*Mutter:* Weshalb musstest du denn heute in der Schule nachsitzen?

*Eva:* Weil ich mich standhaft geweigert habe, jemanden zu verpetzen!

*Mutter:* Das verstehe ich nicht. Das war doch fair von dir. Um wen ging es denn?

*Eva:* Ach, der doofe Lehrer wollte unbedingt von mir wissen, wer der Mörder von Julius Cäsar war.

| | |
|---|---|
| *Mutter:* | Aber dafür allein musstest du doch bestimmt nicht nachsitzen! |
| *Eva:* | Na ja, dann wollte der Lehrer auch noch von mir wissen, welche Eroberungen Karl der Große gemacht hat. |
| *Mutter:* | Und? |
| *Eva:* | Da habe ich gesagt: „Das Privatleben anderer Leute geht mich nichts an!" |
| *Mutter:* | Du könntest ruhig fleißiger lernen, damit später etwas aus dir wird! Weißt du übrigens, dass die meisten berühmten Männer und Frauen völlig unbedeutende Eltern hatten? |
| *Eva:* | Ach! Da habe ich ja die allerbesten Chancen! |
| *Mutter:* | Also, wenn du dich weiterhin so benimmst, werden wir dich in ein Internat geben, damit du dort endlich Anstand und gute Manieren lernst! |
| *Eva:* | Kann ich das denn nicht auch zu Hause lernen, Mama? |
| *Mutter:* | Ich kann dir nur sagen, wenn du weiterhin so unartig bist, dann wirst du eines Tages auch ganz ungezogene Kinder bekommen! |
| *Eva:* | Mama, jetzt hast du dich aber verraten! |
| *Mutter:* | *(sie überhört die Bemerkung)* Du hast mir noch gar nichts von eurer neuen Lehrerin erzählt, Eva. |
| *Eva:* | Ooch ... Was willst Du denn wissen. |

*Mutter:* Wie sie zum Beispiel aussieht?

*Eva:* Ah, nicht besonders. *(beschreibt die Mitspielerin etwas übertrieben)* So wie du halt!

*Mutter:* Jetzt reicht es mir aber! Eine solche Unart will ich nicht noch mal von dir erleben. Du willst doch, wenn du erwachsen bist, eine Dame werden.

*Eva:* Nein, Mama. Ich will so werden wie du! Du bist mein absolutes Vorbild.

*Mutter:* Ach, lass die Scherze! – Was habt ihr denn heute so in Biologie durchgenommen?

*Eva:* Der Lehrer hat gefragt, ob wir wissen, wo die kleinen Kinder herkommen.

*Mutter:* Und?

*Eva:* Die einen haben gesagt, ein Engel bringt die Babys, die anderen, dass man einen Storch mieten kann.

*Mutter:* Was hast du gesagt?

*Eva:* Ich hab gesagt, dass wir arme Leute sind und Papa alles selber machen muss!

*Mutter:* Um Himmels willen, Eva! Wie konntest du so etwas sagen? Das ist doch peinlich!

*Eva:* Reg dich nicht so auf, Mama. Ich habe doch noch dazu gesagt, wir hätten einen noch viel ärmeren Nachbarn, der Papa für ein paar Mark dabei hilft!

*Mutter:* Übrigens, Eva, Papa kommt heute nicht zum Essen nach Hause. Da musst du mir beim Abwasch helfen.

*Eva:* Soweit kommt es noch! Schließlich bin ich nicht mit dir verheiratet! – Du, Mama, wenn ich groß bin, dann heirate ich den Peter, aber verrate ihm bitte nichts!

*Mutter:* Evchen, mein Kind, das wird schwer gehen, denn zur Heirat gehören immer zwei!

*Eva:* Na gut, dann nehme ich noch den Christian dazu!

*Mutter:* Weißt du, dein Freund Peter gefällt mir eigentlich nicht so richtig. Der sieht irgendwie so brutal aus. Ich fürchte, wenn der mal mit dir alleine ist, reißt er dir bestimmt alle Sachen vom Leib!

*Eva:* Oh, danke für den Tipp, Mama! Dann zieh ich ab jetzt doch wohl besser immer alte Klamotten an!

*Mutter:* Sag, was treibt ihr eigentlich immer so zusammen, du und dieser Peter?

*Eva:* Oh, Mutti! Der Peter hat es mir endlich beigebracht!

*Mutter:* Um Himmels willen, Kind! Und wo?

*Eva:* Zuerst haben wir es auf dem Hof probiert!

*Mutter:* Oh, Kind! Du bist doch noch viel zu jung dafür!

*Eva:* Wieso? In meiner Klasse können fast alle Mädchen Moped fahren! – Mama, was ist eigentlich der Unterschied zwischen Mann und Frau?

*Mutter:* Also, ich habe Schuhgröße 38 und Papa Größe 45. Der Unterschied liegt wohl zwischen den Füßen!

*Eva:* Mama, kannst du mir sagen, was eigentlich Erotik ist?

*Mutter:* Woher soll ich das wissen? Ich habe dich zu erziehen, den Haushalt und den Garten zu versorgen, da habe ich keine Zeit, mich um so 'nen Kram zu kümmern!

*Eva:* Mama, warum hat Papa nur noch so wenig Haare?

*Mutter:* Weil er so viel denken muss!

*Eva:* Und warum hast du so viele Haare?

*Mutter:* (*sichtlich genervt*) Was soll die ganze Fragerei! Mach lieber deine Schulaufgaben fertig, damit du wenigstens beim dritten Anlauf die 10. Klasse schaffst.

*Eva:* Habe ich schon gemacht. Nur hier musst du mir noch helfen: Schreibt man Pferd mit F oder mit V?

*Mutter:* Mmh, was die aber auch alles für kompliziertes Zeug von euch wissen wollen. Ja, weißt du ... ach, schreib doch einfach Gaul!

*Eva:* Oh, immer diese sch ... Schule! Ich wollt, ich wäre schon 18 Jahre alt.

*Mutter:* Tja Kind, daran ist dein Papa Schuld. Wenn der anfangs nicht so schüchtern gewesen wäre ...

*Eva:* Du, Mama, heute haben wir einen Aufsatz darüber geschrieben, wie unsere Eltern sich kennen gelernt haben.

*Mutter:* Dann war es ja gut, dass wir dir mal erzählt haben, dass es in einer Berghütte war. Wie hast du denn deinen Aufsatz genannt?

*Eva:* „Opfer der Berge!"

*Mutter:* Ach, Kind, du bist wirklich unmöglich! – Du, Eva, stell dir mal vor, der Papa hat mir endlich den Pelzmantel gekauft, den ich mir schon so lange gewünscht habe.

*Eva:* Oh, i gitt! Wie hat das arme Vieh leiden müssen, bis du diesen doofen Pelz bekamst!

*Mutter:* Du freche Göre! Wie nennst du deinen Papa?

*Eva:* *(auf Ablenkung aus)* Du, Mama, heute hab ich im Radio gehört, das im Stadttheater noch Statisten gesucht werden. Was sind denn Statisten?

*Mutter:* Statisten sind Leute, die nur herumstehen und nichts zu sagen haben.

*Eva:* Mensch! Das wäre doch was für Papa! Apropos Theater: Ihr wart doch am Sonntag im Theater. Wieso seid ihr denn so früh nach Hause gekommen.

*Mutter:* Schön war es ja, aber wir hielten es nach dem 1. Akt dann doch für besser zu gehen.

*Eva:* Wieso das denn?

*Mutter:* Im Programmheft stand: „2. Akt: 1 Jahr später", so lange konnten wir doch nicht bleiben!

| | |
|---|---|
| Eva: | Oh, da fällt mir ein, ich soll dir sagen, dass morgen Elternbesprechung ist – im kleinen Kreis. Du sollst unbedingt hingehen. |
| Mutter: | Wieso im kleinen Kreis? Ist etwas besonderes vorgefallen, wer kommt denn alles noch? |
| Eva: | Du und der Direktor! |
| Mutter: | Ach, Eva, was hast du denn nun schon wieder angestellt? Immer habe ich nur Sorgen mit dir! *(zornig)* Du gehst jetzt sofort ins Bett. Gleich kommt sowieso der Sandmann. |
| Eva: | Mama, wenn du mir 10 Mark gibst, dann sag ich auch dem Papa nicht, dass der Herr Sandmann abends immer kommt! |
| Mutter: | *(macht Geste, als wollte sie Eva eine runter hauen)* Mach, dass du ins Bett kommst! |

# Kättchen tratscht mit Eulalia

*Kättchen und Eulalia treffen sich beim Bummeln. Beide sind winterlich gekleidet und sind mit großen Tüten bepackt. Eulalia könnte zum Beispiel etwas lispeln, damit der Vortrag etwas „Farbe" bekommt.*

*Kättchen:* Ach Eulalia, ich bin ja richtig froh, dass ich dich auch mal wieder treffe! Bist du auch am bummeln?

*Eulalia:* *(hebt die Tüten)* Siehst du ja. – Jetzt sag nur, du hättest mich vermisst?

*Kättchen:* Und ob! Schließlich bist du doch meine beste Freundin. Mit dir kann man so richtig schön tratschen! – Aber sag mal, irgendwie kommst du mir verändert vor?

*Eulalia:* Hach, du meinst bestimmt meinen neuen Mantel!

*Kättchen:* Jetzt sag bloß noch, den hätte dir dein Alter gekauft?

*Eulalia:* Na ja, nicht so direkt. Weißt du, das war so: Er hat mir einen Vortrag über Sparsamkeit gehalten. – Seitdem raucht und trinkt er nicht mehr, und von dem Gesparten habe ich den neuen Mantel! – Aber Kättchen, ich mein du siehst nicht so gut aus. Warst du krank?

*Kättchen:* Oh, frag mich nicht wie! Ich hatt sogar Fieber!

*Eulalia:* Was du nicht sagst! Hast du auch fantasiert?

*Kättchen:* Oh, und wie, liebe Eulalia! Mindestens fünfzehn Mal, und das ganz dünn!

*Eulalia:* Ja warst du denn nicht beim Doktor?

*Kättchen:* Doch, doch. Bei der Gelegenheit hab ich dem mal ordentlich meine Meinung gesagt. „Herr Doktor", sagte ich, „Sie haben mir schon vor zehn Jahren prophezeit, dass ich nur noch drei Monate zu leben hätte!" Weißt du, was der mir da geantwortet hat? „Dann sind Sie in der Zwischenzeit bestimmt von einem anderen Arzt falsch behandelt worden!"

*Eulalia:* Kättchen, weißt du schon, unsere Lisbeth hat jetzt einen richtigen Freund!?

*Kättchen:* So, so!

*Eulalia:* Ach, nicht so wie du das meinst. Nein, das ist ganz platonisch!

*Kättchen:* So, platonisch! Platonisch? Immer diese Fremdwörter! Was heißt denn platonisch?

*Eulalia:* Platonisch, das heißt, dass unsere Lisbeth kein Geld dafür nimmt!

*Kättchen:* Da siehst du mal wieder, die Jugend von heute! – Stell dir vor, Eulalia: Letzte Woche war ich mal wieder in dem kleinen Krämerladen. Da kommt so ein kleines Mädchen und will sich eine Schokoladenpuppe kaufen. Die Verkäuferin fragt: „Willst du lieber einen Schokoladenjungen oder ein -mädchen?" Sagt doch dieses Kind: „Gib mir lieber einen Jungen, da ist mehr dran!" Apropos Junge! Ich habe gehört, deine Schwester hat geheiratet? Wart ihr auf der Hochzeit. Erzähl mal, war's eine schöne Hochzeit?

*Eulalia:* Das kann ich dir nicht sagen. Selbstverständlich waren wir nicht auf der Hochzeit!

*Kättchen:* Ja wieso das denn? Sag nur, ihr ward nicht eingeladen?

*Eulalia:* Ja hör mal! Schließlich haben wir auch unseren Stolz! Wir waren nicht zur Kindstaufe geladen, da brauchen wir auch nicht auf die Hochzeit zu gehen!

*Kättchen:* Aber sag mal, die Meyer hat mir erzählt, sie hätte dich letzten Samstag gesehen, du wärst so vornehm angezogen gewesen.

*Eulalia:* Oh ja, da war ich im Konzert; Beethovens Neunte war gekommen.

*Kättchen:* Jee, was du nicht sagst: Dieser Beethoven, hat der denn nicht mit einer Frau genug?

*Eulalia:* Sag, weißt du auch schon, dass die Amanda Drillinge bekommen hat?

*Kättchen:* Oh Gott! Liegt das bei denen in der Familie?

*Eulalia:* Das weiß ich nicht, aber das ist doch eine Leistung! Ich hab nämlich gelesen, laut Statistik gibt es nur alle 2995 mal Drillinge!

*Kättchen:* Dann sag du mir mal, wann hat die denn ihre Hausarbeit geschafft?!

*Eulalia:* Sag Kättchen, ist dein Alter auch so komisch?

*Kättchen:* Wieso?

| | |
|---|---|
| *Eulalia:* | Ach, ich weiß nicht, meiner der ist die letzte Zeit so durcheinander! Wenn ich nicht auf den aufpassen und für den denken würde, ich weiß nicht, was dann … |
| *Kättchen:* | Ist es denn so schlimm? |
| *Eulalia:* | Ganz schlimm! Erst gestern morgen, als er sich angezogen hat, hab ich zu ihm gesagt: „Schatz, du hast die Unterhose verkehrt rum an!" – „Wieso?", fragt er. – „Ei, du hast das Braune nach außen!" |
| *Eulalia:* | Du Kättchen, davon will ich mehr hören. Wollen wir nicht noch schnell 'ne Tasse Kaffee trinken gehen? Ich glaub wir haben jetzt lange genug hier gestanden. Meine Füße sind schon ganz blau angelaufen. |
| *Kätchen:* | Das ist eine gute Idee, dann können wir, ohne dass uns einer zuhört, noch ein bisschen tratschen! |
| *Zusammen:* | Helau! |

# Knolle und Bolle beim Bier

*Auf der Bühne ein Stehtisch. – Knolle und Bolle sind zwei Berliner Rentner, denen im Laufe des Vortrags das Bier tüchtig zu Kopf steigt. Ein Dritter (Ober) bringt den benötigten Getränkenachschub.*

*Knolle:* Hallo, Bolle, trifft man dir ooch mal wieder, Trink 'n Bier mit!

*Bolle:* Ick bin Rentner, hab' keine Zeit. Wat willste denn?

*Knolle:* Früher bei de Arbeit haste doch imma Zeit jehabt.

*Bolle:* Muss zum Finanzamt – Steuererklärung abjeben. Na ja, Herr Ober, ein Bier, bitte!

*Knolle:* Wieso, verdienste denn so ville? Na prost!

*Bolle:* Prost! Ick nich, aber meine Frau. Einen Rat möchte ick dir noch ...

*Knolle:* Brauch ick nich, hab ja keene Frau nich. Prost!

*Bolle:* Also, ick sach dir: Wenn de über de Straße jehen tust, denn pass uff. Die Autofahrer sin jefährlich jeworn. Prost!

*Knolle:* Prost auch! Den Rat kannste dir spar'n. Jefährlich war'n die schon imma.

*Bolle:* Nee, nee, die kriejen jetzt 'ne Prämje, wenn se 'nen Rentner überfahr'n!

*Knolle:* Wieso denn det, Bolle?

*Bolle:* Weeßte, der Staat muss sparen! Zehn jesparte Renten, sind die Diäten für eenen Abjeordneten.

*Knolle:* Is ja een Ding, Mensch! – Oba! Noch zwee Bier für mich und mein Kumpel.

*Bolle:* Wieso bestellste denn schon wieda? Hast ja noch zwee janze Biere zu stehn. Willste dir wohl heute besaufen, Knolle?

*Knolle:* Nee, will ick nich. Erst ma prost! Wenn de statt die zwee viere stehn siehst, denn biste besoffen. Prost!

*Bolle:* Jut, prost!

*Knolle:* Sach ma, Bolle kannste schinesisch?

*Bolle:* Wie kommste denn dadruff?

*Knolle:* Na ja, wie wir – also det letzte Mal, wo ick dir jetroffen ha-habe weeßte – prost. Also, wat wollt ick denn nu sachen? Ah ja, da haste jesacht: Wenn der Kohl wiedajewählt wird, denn biste der Kaisa von Schina, wa.

*Bolle:* Prost Knolle! Det is zu lange her, det weeß ick nich mehr. Willste noch 'n Bier, alta Junge?

*Knolle:* Nee, 'nen Klaren. Oba', bringste mir un meene zwee Freunde drei Klare!

*Bolle:* Mensch Knolle, wa-warum drei? Wat is denn los mit dir? Biste wirr?

*Knolle:* Erst ma prost! Eenen for mir un zwee for euch beede.

*Bolle:* Ick bin doch janz alleene. Du bist doch mit dein' Freund jekomm'. Prost! Na is ja ooch ejal. – Wat ick dir schon imma fragen wollte, Knöll-Knöllchen, haste nich och 'n Hoppü?

*Knolle:* Hop-Hoppü? Wat isn det? Prost! Zwee Klare un Bier, Oba! Mensch, Bolle, det weste nich?

*Bolle:* Doch, doch. Jetzt fällt mir det wieder ein. Hoppü is ... wenn de so for Jeld, ick meene so for 'n paar hundert Piepen un noch wat nebenbei arbeeten tust, wa.

*Knolle:* Jenau. Mach ick. Prost!

*Bolle:* Un, wo machste det?

*Knolle:* Ick jeh in det bei – wie heeßt det noch? Ach so, bei det Prähistorischdinosauriereierausbrütungsamt.

*Bolle:* Wat, so 'n Bandwurm is dein Hoppü?

*Knolle:* So isset. Prost! Ick brüte die Eier von de Dinos-Dinosauriers aus.

*Bolle:* Mensch, Knöllerich, is det nich furchtbar langweilich, so den janzen Tach uff de Eier sitzen?

*Knolle:* Nee, isset nich. Frauen brüten doch och da.

*Bolle:* Haste denn Erfolch mit deine Eier? Ick meine, haste son Prähistorisch-risch-risches-dinos-au-au-au-riereier ... na, is da schon mal watt rausjekommen?

*Knolle:* Erfolch? Nee, Akkord. Prost!

*Bolle:* Vasteh ick nich. Is ja ooch ejal. – Du bist so'n richticher deutscher Rentner, Knolle.

*Knolle:* Wieso? Deutscher Rentner? Is det bei die andern nich och so? Jetze prost!

*Bolle:* Jut, prost! Wenn een deutscher Rentner morjens uffsteht, wa, denn steckt er sich een Flachmann inne Tasche und die Frü-Frühstücksbrote dazu und jeht uff die Arbeet. Bei die Franz-Franzosen is det anders.

*Knolle:* Mensch, wat redest du denn da? Hupp!

*Bolle:* Jenau, stimmt aba – hupp. Der französische Rentner, der steht och uff – prost! – aba denn iss'ter Keese – hupp – und trinkt dazu roten Landwein. Prost! Bei die Italieeners ...

*Knolle:* Wat de nich sachst?

*Bolle:* Prost, sach ick. Bei die Italieners is det noch ville schöner, wa. Der ihr Rentner singt noch bei det Uffstehn.

*Knolle:* Wat singt der denn?

*Bolle:* Na Mensch, 'n Lied, wat soller sonst singen. Von die Jondels und von de Bella-Meechens – prost – un denn haut er sich 'n Fund Makka-Makkaronis inne Plautze, wa. Aba denn, denn, weeßte, denn macht 'er Amore.

*Knolle:* Amore, na und? – Warum setzte dir denn untern Tisch, Bolle?

*Bolle:* Wieso untern Tisch – hupp. Du bist doch uff'n Stuhl jeklettert.

*Knolle:* Mensch Bolle, du bist ja besoffen, wa. Hupp!

*Bolle:* Du quatscht aba dämlich, Knöller. Wat hälste von, wenn wa jetze demonstrian jehen?

*Knolle:* Demonstrian? Mensch, wo denn und für wat solln wa übahaupt demonstrian?

*Bolle:* For die Jrünen – hupp – die demonstrian doch imma irjendwo, wa.

*Knolle:* Mensch, mit den Affen bei de Jrünen?

*Bolle:* Is ejal ob jrün oda rosa – prost. Uff die Farbe kommtet ja nich an. Hau – hupp – Hauptsache wir jehn demonstrian.

*Knolle:* Na, denn jehn wa jleich.

*Bolle:* Sach ma, Knöt-Knötscher ...

*Knolle:* Wat issen Bolle?

*Bolle:* Ja, ja, is jut – prost. Vorher muss ick noch wat janz Priwatet von dich wissen. Det is sozusachen, also, det is intim, vaa-vasteehste mia?

*Knolle:* Wat haste denn? Prost!

*Bolle:* Wee-weeßte, kannste du noch uff die Frauens, Knolle? Wo du doch nu schon uff de Siebzich jehen tust.

*Knolle:* Jetze erst prost! Ob ick uff die Frauen kann? Mensch Bullrich, die könn'n uff mir. Oder wat meenste? *(Gedankenpause)*

*Bolle:* Ach, Knolle, du hast et jut. Ick hätte dir jar nich fragen sollen. Nu wird mir janz depressiv ums Herze. Prost! Hupp! La-lass uns lieba jehn, Knolle. Meene Frau wird sonst akkressief wenn ick – hupp – länga wegbleiben tu.

*Knolle:* Heute nich, Bolle. Die is noch bei mich zu Hause.

*Bolle:* *(ganz nüchtern)* Dich bring' ick um, du Verführer.

*Knolle:* *(ganz nüchtern)* Bleib ruhig, Bolle. Ick sehe nur so aus!

# Tünnes und Schäl

*Schäl geht zuerst auf die Bühne, sieht sich suchend um und wendet sich dann ans Publikum. Während der ersten Sätze, kommt Tünnes gemütlich durch das Publikum auf die Bühne zu und erklimmt diese.*

Schäl: Einen schönen guten Abend! – Habt ihr den Tünnes gesehen? Wir sind hier verabredet. Der kommt in letzter Zeit immer zu spät. – Ach, da ist er ja endlich. Jetzt aber schnell, Tünnes!

Tünnes: Immer langsam, ich habe gleitende Arbeitszeit. Oder gibt jemand einen aus?

Schäl: Ich glaube, du hast einen Nagel im Zylinder. Du denkst nur ans Saufen. Übrigens, ich habe dich schon lange nicht mehr gesehen.

Tünnes: Ich war ja auch für acht Monate verreist.

Schäl: Acht Monate? Das war doch sicher fabelhaft?

Tünnes: Nein, Einzelhaft.

Schäl: Was hast du denn schon wieder ausgefressen?

Tünnes: Beamtenbestechung.

Schäl: Dafür acht Monate? In Bonn ist das alltäglich.

Tünnes: Ja, in Bonn machen die es mit Geld, ich habe es aber mit einem Messer gemacht.

*Schäl:* Übrigens, ich habe gehört, du hast Arbeit angenommen. Für Geld machst du ja wirklich alles.

*Tünnes:* Ja, ich bin bei der Stadt, da muss ich die Friedhöfe sauber halten. Aber da habe ich keine Lust mehr drauf.

*Schäl:* Warum denn nicht?

*Tünnes:* Man liest dort den ganzen Tag nichts anderes als: „Hier ruht sanft" oder „Hier schläft in Frieden", ich war der einzige, der gearbeitet hat.

*Schäl:* Was machst du denn mit deinem Monatslohn?

*Tünnes:* Also, pass auf, 30 Prozent fürs Essen, 30 Prozent fürs Saufen, 30 Prozent fürs Rauchen und 30 Prozent bekommt meine Frau.

*Schäl:* Moment mal, das sind doch aber schon 120 Prozent.

*Tünnes:* Leider, Schäl, leider. Jetzt wollen mir die Brüder von der Bank auch nichts mehr geben. Nur weil sie die Anstreicher im Haus haben.

*Schäl:* Nur weil sie die Anstreicher im Haus haben?

*Tünnes:* Die haben mir mitgeteilt, dass mein Konto gestrichen wurde.

*Schäl:* Ja so ein Mist, Tünnes. Da bist du ja jetzt richtig Pleite. Was sagt denn deine Frau dazu?

*Tünnes:* Nichts, Schäl. Die hat doch ihr eigenes Konto von meinem Geld und gute Beziehungen zum Kassierer.

*Schäl:* Apropos Frau! Wo hast du deine Frau eigentlich kennen gelernt?

*Tünnes:* Ach, das war damals in der Dreigroschenoper.

*Schäl:* Da sieht man, du hättest besser ein paar Groschen mehr anlegen sollen.

*Tünnes:* Sie hat aber innere Werte.

*Schäl:* Dann würde ich sie mal wenden lassen.

*Tünnes:* Was macht deine Frau eigentlich inzwischen den ganzen Tag?

*Schäl:* Meine Frau ist nebenher Numismatikerin. Sie sammelt Groschen.

*Tünnes:* Sag doch gleich, dass sie als Klofrau arbeitet.

*Schäl:* Wer war eigentlich die Frau, die bei der Hochzeit deiner Tochter den Schleier getragen hat?

*Tünnes:* Das war die Schneiderin, die wollte die Klamotten nicht eher aus der Hand geben, bis alles bezahlt ist.

*Schäl:* Hast du schon von meinem Glück gehört? Die haben mir mein Auto gestohlen.

*Tünnes:* Und das nennst du Glück?

*Schäl:* Ja, meine Schwiegermutter saß drin.

*Tünnes:* Apropos Schwiegermutter, meine ist neulich gestorben.

*Schäl:* Was hat sie denn gehabt?

*Tünnes:* Eine Küche und ein Schlafzimmer.

*Schäl:* Blödsinn, ich meine, was ihr gefehlt hat?

*Tünnes:* Ein Wohnzimmer.

*Schäl:* Na, dann ist alles klar. – Man sagt, du hast deiner Frau ein Glas Honig an den Kopf geworfen.

*Tünnes:* Ach, das war halb so schlimm. Auf dem Glas stand: Schleuderhonig.

*Schäl:* Hast du schon von unserem Kegelbruder Karl gehört? Der soll angeblich fremdgehen.

*Tünnes:* Na und, will er etwa nicht? – Mein Bruder geht übrigens auch fremd. Er hats gleich mit drei Frauen.

*Schäl:* Mensch, Tünnes, ich wusste ja gar nicht, dass du einen Bruder hast.

*Tünnes:* Sogar einen Zwillingsbruder. Ich bin eine halbe Stunde vor ihm geboren.

*Schäl:* Ach, darum siehst du so komisch aus. Dein Bruder hat dir wohl neun Monate mit seinem Hinterteil im Gesicht gesessen.

*Tünnes:* Danke! – Also, meine Frau macht immer Ärger, wenn ich mal zu spät nach Hause komme. Gestern war es mal wieder so weit. Ich habe mich schon auf der Treppe ausgezogen und bin auf Zehenspitzen weitergelaufen.

*Schäl:* Und, hat sie etwas gemerkt?

*Tünnes:* Das nicht, aber ich. Als ich oben ankam, stand ich auf dem Bahnsteig im Hauptbahnhof.

*Schäl:* Ich dachte, du wolltest mit dem Saufen aufhören?

*Tünnes:* Will ich ja auch. Ich gehe nur noch in die Kneipe, wenn ich vorher eine Sechs gewürfelt habe.

*Schäl:* Das ist aber ein guter Vorsatz.

*Tünnes:* Gestern musste ich 68-mal würfeln, bis die erste Sechs kam. Dafür habe ich früher sechs Jahre solide gelebt. Kein Alkohol, keine Zigaretten, gar nichts.

*Schäl:* Warum hast du dann angefangen.

*Tünnes:* Ich kam in die Schule.

*Schäl:* Du, ganz im Vertrauen, Tünnes: Ich habe eine Frau kennen gelernt, die mich gleich mit in ihre Wohnung genommen hat. Sie sagte, ich solle mich ruhig schon mal ausziehen. Als sie zurück kam, hatte sie zwei Kinder an der Hand.

*Tünnes:* Das war sicher ein Schock für dich.

*Schäl:* Kann ich dir sagen! Sie zeigte nämlich auf mich und sagte: „Kinder, so seht ihr auch mal aus, wenn ihr kein Gemüse essen wollt!" Da lief nichts mit Liebe, Lust und Leidenschaft.

*Tünnes:* Mensch, Schäl, da warst du aber von den Socken, was?

*Schäl:* Von den Socken? Das war das einzige, was ich noch am Leib hatte.

*Tünnes:* Du, Schäl, das Allerneueste habe ich dir noch gar nicht erzählt. Der Schulte von der Gewerkschaft liegt bei Schwester Stefanie auf Station.

*Schäl:* So was. Was fehlt ihm denn?

*Tünnes:* Der braucht dringend eine neue Niere. Der Arzt da hat ihn gefragt, ob er eine schwarze oder lieber eine rote Niere haben möchte. Der Schulte hat nach dem Unterschied gefragt. Und weißt du, was der Doktor geantwortet hat? Die schwarze Niere arbeitet durch, die rote hat die 35-Stunden-Woche.

*Schäl:* Und so was will ein seriöser Arzt sein. Alles nur Schauspieler! – Aber sag mal, stimmt es, dass du im Lotto 1 000 DM gewonnen hast?

*Tünnes:* Ja, vor drei Wochen.

*Schäl:* Du hast das Geld bestimmt in Alkohol umgesetzt.

*Tünnes:* Bist du verrückt? Ich habe es zur Bank gebracht.

*Schäl:* Warum hast du es nicht einfach deiner Frau zur Verwahrung gegeben?

*Tünnes:* Und wenn die damit durchbrennt?

*Schäl:* Sind dir das die 1 000 DM nicht wert?

# Toni und Hein in der Kneipe

*Auf der Bühne steht ein Stehtisch, an dem Hein lehnt, der dem heraneilenden Toni entgegensieht. Wenn möglich, ist Hein ein langer schlanker Typ; Toni hingegen ist eher ein kleiner molliger Mensch.*

*Hein:* Na endlich, Toni, wo warst du denn so lange? Ich stehe jetzt hier schon eine geschlagene Stunde und warte auf dich.

*Toni:* Ja Hein, da musst du vielmals entschuldigen, ich bin nämlich die Treppe hinuntergefallen.

*Hein:* Mensch Toni, das dauert doch keine ganze Stunde. Was machst du überhaupt für ein Gesicht?

*Toni:* Wenn ich Gesichter machen könnte, dann hättest du längst ein anderes. – Hein, was ich dich schon immer mal fragen wollte. Glaubst du eigentlich an Seelenwanderung?

*Hein:* Na klar, Toni. Ich war zum Beispiel früher ein Kamel.

*Toni:* Wann war das denn?

*Hein:* Das war damals, als ich deine kleine Schwester geheiratet habe.

*Toni:* Wie geht es dir denn im Ehestand?

*Hein:* Schlecht, Toni, sehr schlecht! Sei froh, dass du noch keiner Frau zum Opfer gefallen bist. Du glaubst du kommst in den Himmel, aber dann ist es plötzlich die Hölle. Ich darf nicht mehr rauchen, ich darf nicht mehr trinken und ich darf auch nicht mehr so ausgehen.

*Toni:* Dann wirst du deine Heirat sicher schon schwer bereuen, oder?

*Hein:* Nein, Toni, bereuen darf ich auch nicht!

*Toni:* Du, Hein, ich habe vor acht Tagen meinen Kellerschlüssel verloren. Ich bin gespannt, was meine Mutter dazu sagen wird.

*Hein:* Ja, weiß das deine Mutter denn noch gar nicht?

*Toni:* Doch, die sitzt ja seitdem im Keller.

*Hein:* Da muss wohl ein Schlüsseldienst her, damit du sie da heraus holen kannst.

*Toni:* Ich denke gar nicht daran. Noch vier Tage und sie sagt zu allem „ja". Zum Beispiel: jeden Samstag Ausgang bis um 00.00 Uhr, Frauenbesuch auf dem Zimmer, und sie soll wieder meine Wäsche waschen.

*Hein:* Du bist mir ja einer! – Toni, hast du übrigens schon gehört? Dem Schmitze Karl seine Frau ist die Treppe hinuntergefallen. Dabei hat sie sich die Zunge abgebissen. Die kann überhaupt nicht mehr sprechen.

*Toni:* Tja, es gibt Männer die einfach Glück haben. – Habe ich dir eigentlich schon von meiner Kur erzählt? Ich kann dir sagen, nie wieder. Da war alles wahnsinnig teuer. Stell dir vor: Ein einzelnes Bier konntest du gar nicht bekommen. In jedem Lokal hing über der Theke ein Schild: Unter 18 kein Ausschank! – Aber, Hein, du bist ja so schmal geworden, wenn man dich so anschaut, dann könnte man meinen, es wäre eine Hungersnot ausgebrochen.

*Hein:* Und du bist so dick, wenn man dich so ansieht, dann könnte man meinen, du wärst schuld daran. Aber lassen wir das. – Toni, du kennst doch unseren Hund. Das Tier ist so intelligent, der geht alleine einkaufen und wenn er dann nach Hause kommt, dann klingelt er dreimal.

*Toni:* Das nennst du intelligent, Hein? Unser Hund hat einen eigenen Schlüssel.

*Hein:* Toni, weißt du eigentlich schon, wie die Polizei in Schottland einen Menschenauflauf auflöst?

*Toni:* Nein, Hein.

*Hein:* Die machen einfach eine Hutsammlung, und schon hauen alle ab.

*Toni:* Also, bei Hut da fällt mir Spanien ein, Hein. Du hattest mir doch im letzten Sommer den heißen Tip für Spanien gegeben. Nach jedem Stierkampf gäbe es da so leckere Bulleneier.

*Hein:* Na, hab ich dir zuviel versprochen?

*Toni:* Allerdings! Als ich dort war, gab es nur kleine Eier. An dem Tag hatte nämlich der Stier gewonnen! – Also, immer wenn ich dich sehe, muss ich an den Peter denken.

*Hein:* Wieso? Sehe ich dem denn so ähnlich?

*Toni:* Das nicht, aber der schuldet mir auch noch 120 DM.

*Hein:* Du, Toni, habe ich dir eigentlich schon erzählt, dass meine Schwester einen Schwarzen heiraten will .

*Toni:* Was soll die ganze Aufregung, in der CDU gibt es doch auch ganz nette Menschen. – Sag Hein, soll ich dir mal aus der Hand lesen?

*Hein:* Kannst du das denn überhaupt?

*Toni:* Ja sicher, Hein. Zeige mir doch mal deine rechte Hand. Ja, was sehe ich denn da? Was muss ich da sehen? Das ist ja schrecklich!

*Hein:* Nun sag schon, spann mich nicht so auf die Folter.

*Toni:* Hein, habt ihr zu Hause kein Klopapier mehr?

*Hein:* Jetzt ist es aber genug. Komm, lass uns gehen.

# Heinz und Werner plaudern

*Heinz und Werner sind zwei Durchschnittstypen. Sie treffen sich beim Einkaufen und kommen ins Plaudern. Sie haben Einkaufsbeutel oder -wagen dabei; Werner trägt einen Hut.*

*Heinz:* Hallo Werner, ich habe dich aber lange nicht mehr gesehen.

*Werner:* Ja, ich war im Urlaub, in Davos.

*Heinz:* In Davos?

*Werner:* Ja, nach da wo's nichts kostet: bei Verwandtschaft auf dem Land!

*Heinz:* Wir fahren zu Tante Gerda nach Herne.

*Werner:* Über Ostern?

*Heinz:* Nein, über Castrop-Rauxel.

*Werner:* Sag mal, stimmt es wirklich, dass du nicht mehr mit Marlene verlobt bist?

*Heinz:* Stimmt!

*Werner:* Warum denn nicht?

*Heinz:* Sie hat eine ordinäre Lache.

*Werner:* Ist mir nie aufgefallen, Heinz.

*Heinz:* Du warst ja auch nicht dabei, als ich ihr erzählte, was ich verdiene. – Aber sag mal, findest du nicht auch, dass hier eine furchtbar schlechte Akustik ist?

*Werner:* Meinst du? Also, wenn ich mir überlege, dass wir beide hier singen sollen! Ich habe das Gefühl, hier ist tatsächlich eine sehr schlechte Akustik.

*Heinz:* Ja, ich rieche es auch! – Sag mal, hast du dir eigentlich einen neuen Hut gekauft?

*Werner:* Nein, Heinz, der Hut ist schon fast zwölf Jahre alt.

*Heinz:* Das sieht man dem Teil aber wirklich nicht an. Der ist ja fast wie neu.

*Werner:* Das meinst du! Der Hut ist bestimmt schon dreimal chemisch gereinigt, viermal gewendet und zweimal umgepresst worden. Erst gestern habe ich ihn in einem vornehmen Lokal umgetauscht! *(nimmt Hut ab)*

*Heinz:* *(mustert Werners Kopf)* Sag mal, Werner, mir scheint du bist schon wieder gewachsen. Wann hörst du eigentlich damit auf?

*Werner:* So ein Quatsch! Ich wachse schon seit Jahren keinen Zentimeter mehr.

*Heinz:* Doch, doch, dein Kopf kommt immer mehr durch die Haare!

*Werner:* *(setzt Hut wieder auf)* Ha, ha. Selten so gelacht. Deine Witze waren früher auch schon mal besser.

*Heinz:* Jetzt hast du deinen Hut verkehrt herum aufgesetzt.

*Werner:* Was geht dich das denn an? Du weißt ja gar nicht, in welche Richtung ich gehen will! *(will gehen)*

*Heinz:* Mensch, sei nicht sauer. Bleib hier! *(hält Werner zurück)* – Du, Werner, ich werde nie angerufen. Kannst du dir vorstellen, woran das liegt?

*Werner:* Du hast doch auch gar kein Telefon.

*Heinz:* Stimmt, aber wer weiß das denn schon.

*Werner:* *(Werner sieht amüsiert zu Heinz)* Mensch, Heinz, da fällt mir gerade ein, eben vor der Tür hat sich eine ganz tolle Frau nach dir erkundigt.

*Heinz:* Werner, das ist ja Klasse! Was hat die denn gesagt?

*Werner:* Was ist das eigentlich für ein Blödmann, der immer mit dir auf die Bühne geht? – Was meinst du, Heinz, wie oft zieht sich ein ehrlicher Mann ein neues Hemd an?

*Heinz:* Jeden Tag, denke ich!

*Werner:* Und unser Pfarrer?

*Heinz:* Zweimal am Tag!

*Werner:* Und der Bürgermeister?

*Heinz:* Jede Stunde.

*Werner:* Und der Bundeskanzler?

*Heinz:* Ständig: Hemd an, Hemd aus, Hemd an, Hemd aus.

*Werner:* Ja, ja, die Politiker.

*Heinz:* Werner, ich frage mich, welcher Wald der kleinste in Deutschland ist? Weißt du das?

*Werner:* Na klar, der Odenwald.

*Heinz:* Wie kommst du denn darauf?

*Werner:* Na ja, wir singen doch immer: Es steht ein Baum im Odenwald.

*Heinz:* Wie geht es eigentlich deiner Frau?

*Werner:* Sehr gut! – Meine Frau ist ja so hilfsbereit, sie zieht mir jeden Abend liebevoll die Schuhe aus!

*Heinz:* Wenn du nach Hause kommst?

*Werner:* Nein, wenn ich noch mal weggehen will!

*Heinz:* Hast du dich wirklich mit deiner Frau gestritten, nur weil das Badewasser zu heiß war?

*Werner:* Ja. Viel zu heiß.

*Heinz:* Aber das kann doch jedem einmal passieren.

*Werner:* Einmal? Es ist jedes Jahr dasselbe.

*Heinz:* Gegen meine Probleme ist das nichts. Mein Chef behandelt mich immer wie ein rohes Ei.

*Werner:* Das ist doch kein Problem sondern ein Glück.

*Heinz:* Das denkst du: Gleich zu Arbeitsbeginn haut er mich in die Pfanne.

*Werner:* Was ich dich noch fragen wollte: Was würdest du wählen, Geld oder Verstand?

*Werner:* *(zögert nicht)* Geld!

*Heinz:* Ich würde an deiner Stelle lieber den Verstand wählen.

*Werner:* Tja, jeder nimmt, was ihm fehlt.

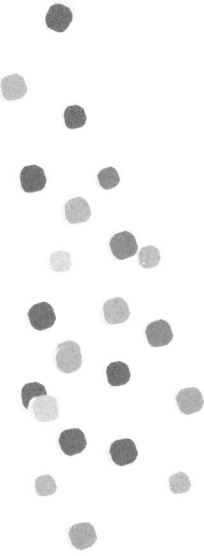

# Fünf-Sterne-Menü

*Auf der Bühne stehen ein Tisch und zwei Stühle. Der Gast kommt herein, setzt sich und wartet. – Der Ober braucht noch jemanden, der ihm die Requisiten (Teller) reicht.*

Gast: Na, ist denn hier niemand? – Bedienung, bitte!

Ober: Guten Tag, mein Herr, was darf's denn sein?

Gast: Die Speisekarte, bitte.

Ober: Ich habe Kalbshirn, Eisbein, Hasenleber, Lungenhaschee, Schwartenmagen, Ochsenzunge, Bauchspeck und Saure Nierchen.

Gast: Ich habe Kopfschmerzen, Ohrensausen, Hühneraugen und einen leeren Magen. Erzählen Sie dem Arzt Ihre Leiden, und bringen Sie mir was zu essen.

Ober: Da kann ich Ihnen unsere Spezialitäten des Hauses empfehlen: Austern, Hummer, Froschschenkel, Weinbergschnecken, Krabben ...

Gast: Ich bin nicht hierher gekommen, um Ihr Ungeziefer zu verzehren, ich möchte etwas Anständiges zu essen haben. Bringen Sie mir erst einmal die Tagessuppe.

Ober: *(verschüttet die Suppe auf die Hose des Gastes)* Ups!

Gast: Das ist ja unerhört. Können Sie denn nicht aufpassen?

*Ober:* Das macht gar nichts, von der Suppe haben wir noch mehr in der Küche. *(Ein zweiter Teller wird serviert)*

*Gast:* In der Suppe schwimmen ja zwei tote Fliegen.

*Ober:* *(beugt sich über den Teller)* Es ist nur eine Fliege tot, die andere ist noch kerngesund. Außerdem, was kann so eine kleine Fliege schon essen?

*Gast:* Sagten Sie nicht, es sei noch mehr Suppe in der Küche? Also bitte, ich verlange eine neue Suppe.

*Ober:* *(serviert die Suppe und bleibt bei dem Gast stehen)*

*Gast:* *(führt den Löffel zum Mund und schreit auf)* Die ist ja kochend heiß, wollen Sie mich verbrennen?

*Ober:* *(krempelt den rechten Ärmel hoch, lässt seinen Ellenbogen auf den Teller sinken und sagt)* Die ist gerade richtig. Kälter darf sie nicht sein.

*Gast:* *(erwartet das Hauptgericht)* Menschenskind nochmal, ich denke, ich bin hier in einem anständigen Lokal, nehmen Sie gefälligst Ihren Daumen von meinem Fleisch herunter.

*Ober:* Ich möchte nicht, dass mir das Fleisch noch einmal vom Teller fällt?

*Gast:* Auf der Speisekarte stehen doch zwei Stücke Fleisch, wieso bekomme ich nur eins?

*Ober:* Verzeihung, mein Herr, der Koch hat vergessen, es durchzuschneiden.

*Gast:* Ha! Das Beefsteak ist ja nicht zu genießen.

*Ober:* Vielleicht möchte der Herr ein Kotelett haben?

*Gast:* Aber ich habe von dem Beefsteak doch schon was gegessen.

*Ober:* Das macht nichts, wir haben auch angefangene Koteletts da. *(das Fleisch wird ausgetauscht)*

*Gast:* Da komm ich ja vom Regen in die Traufe, das kann doch kein Mensch essen.

*Ober:* *(nimmt das Kotelett in die Hand, beißt ein Stück ab, legt es wieder auf den Teller)* Das Fleisch ist aber zart, das können Sie wohl essen.

*Gast:* Was hat das zu bedeuten, hier unter dem Kotelett finde ich fünf Streichhölzer?

*Ober:* Das sind keine Streichhölzer, das ist der Spargel.

*Gast:* Kann ich etwas Salz haben?

*Ober:* *(fasst in die linke Hosentasche und streut loses Salz auf den Teller)* Bitte sehr, mein Herr.

*Gast:* Herr Ober, kann ich ein wenig Pfeffer haben?

*Ober:* *(fasst in die rechte Hosentasche und streut Pfeffer auf den Teller)* Bitte sehr, mein Herr.

*Gast:* *(energisch)* Senf möchte ich mir von Ihnen lieber nicht geben lassen.

*Ober:* Und nun das Dessert. Ich wünsche guten Appetit.

*Gast:* Oh, Apfelmus esse ich für mein Leben gern. *(nach einigen Augenblicken)* Von welchem Tier war das Fleisch?

*Ober:* Es war alles vom Pferd, mein Herr.

*Gast:* Alles vom Pferd? ... Vielleicht ... am Ende ... auch das ... Apfelmus?

# Fritz und Friedrich

*Friedrich ist allein auf der Bühne. Er nuckelt an einer Bierflasche und sieht sich im Saal um, da kommt Fritz auf ihn zu. Sie sind für eine Karnevalsveranstaltung gekleidet.*

*Friedrich:* Hallo, Fritz! Ich habe dich ja schon ewig nicht mehr gesehen. Erzähl mir doch mal, wo du gesteckt hast.

*Fritz:* Ach, hör bloß auf. Ich war doch im Schwarzwald auf einer Beauty-Farm. Meine Frau war da letzten Sommer, und wegen der Gleichberechtigung war ich jetzt dran.

*Friedrich:* Ja und, wie war's? Man sieht ja gar nichts!

*Fritz:* Die haben mich ja auch nicht dran genommen. Dabei wollte ich doch alles Hässliche aus meinem Gesicht entfernen lassen. Aber der Arzt dort meinte, Enthauptungen wären nicht mehr erlaubt.

*Friedrich:* Ach Fritz, ich habe ja auch so einen Kummer. Meine Frau hat doch zwei unterschiedlich lange Beine, weshalb sie ja auch hinkt. Da habe ich gestern mal meinen Arzt gefragt, was er denn an Stelle meiner Frau machen würde.

*Fritz:* Ja und, was hat er gesagt?

*Friedrich:* Er meint, er würde dann auch hinken.

*Fritz:* Komische Käuze, diese Mediziner und so unsensibel. Grade letztens war mein Arbeitskollege bei einem, der hat nach der Untersuchung so merkwürdig geguckt. Da hat ihn mein Kollege gefragt: „Herr Doktor, habe ich eine seltene Krankheit?" – „Ach was", hat der geantwortet, „die Friedhöfe sind voll davon!"

*Friedrich:* Ja sowas! Die müssten mal einen Kurs in Püschologie machen. Ich war ja auch letztens bei so einem Püschologen. Der fragte mich: „Betrügen Sie Ihre Frau?" – „Blöde Frage", habe ich da geantwortet, „wen denn sonst?" Schließlich hat er gemeint, ich solle mal ausspannen. Na, da habe ich ihm seine Frau ausgespannt.

*Fritz:* Wie, du bist nicht mehr mit deiner Alten zusammen?

*Friedrich:* Na klar, ich kann doch auf meinem dritten Bein nicht allein stehen?

*Fritz:* Prahlhans! Hör lieber auf, mit deinen Weibergeschichten anzugeben. Du bist entlarvt: Gestern traf ich deine Ex-Frau, die hatte einen Pulli mit einem riesigen „J" drauf an. Das „J" bedeutet „Jungfrau", hat sie gesagt.

*Friedrich:* Wenn du wüsstest, wie alt der Pulli ist! Den wollte ihr schon mal ein Antiquitätenhändler abkaufen. Der Pulli war schon nicht mehr aktuell, als noch das Preisschild dran war! – Meine jetzige Frau ist so schön wie ein Gemälde!

*Fritz:* Und wann hängst du sie auf?

*Friedrich:* Übrigens, Fritz, ich gehe heute abend mit meinem Neffen Justus in den Zirkus.

*Fritz:* Ach komm, Zirkus! Alter Hut, stinklangweilig!

*Friedrich:* Ich bin halt ein netter Kerl. Er kam zu mir und hat erzählt, im Zirkus würde eine nackte Frau auf einem Tiger reiten. Und ich habe ja schon so lange keinen Tiger mehr gesehen.

*Fritz:* Ist dein Bruder nicht gestern mit den beiden rothaarigen superheißen Zwillingen ausgegangen? Ernst hat ihn ganz zufällig in der Banana-Bar gesehen. Sag mal, hat der alte Casanova mit beiden gleichzeitig … Sekt getrunken?

*Friedrich:* Ja und nein! – Aber der hat ganz andere Probleme. Der hat drei Vaterschaftsklagen am Hals. Jetzt war gerade Verhandlung. Hat ihn der Richter gefragt: „Wir haben hier Anzeigen von einer Simone in Köln, einer Silke in Hamburg und einer Karin in Berlin. Alle lauten auf den gleichen Tag. Wie haben Sie das denn gemacht?" Und was hat der freche Hund geantwortet: „Ich hab' halt 'ne Kawasaki!"

*Fritz:* Der macht's richtig mit seinem Motorrad. Mit der Bundesbahn kann man ja auch nicht mehr ruhigen Gewissens fahren.

*Friedrich:* Wieso denn das, haste etwa sehr lange auf einen Zug warten müssen?

*Fritz:* Wenn es das nur wäre. Stell dir vor, ich habe gelesen, dass die Bundesbahn jedes Jahr fünf Prozent ihrer Fahrgäste verliert!

*Friedrich:* Ja, ja, mein Schwager hatte auch so ein bahnbrechendes Erlebnis. Der hat im Zugabteil seinem Gegenüber in den Schoß gekotzt.

*Fritz:* Man fährt ja auch nicht in angetrunkenem Zustand. – Wohnt der Sohn deiner Schwester eigentlich immer noch in dem Haus gegenüber dem Gefängnis?

*Friedrich:* Nee, der wohnt jetzt gegenüber. Dabei hatte er doch gerade erst geheiratet.

*Fritz:* Ach, stimmt, der hatte sich doch mit der rotblonden Claudia verlobt!

*Friedrich:* Ja, ja, aber die hat er nicht geheiratet. Die hat er verlassen, als er zum ersten Mal die Rechnung ihrer Schneiderin gesehen hat.

*Fritz:* Ja, und wen hat er dann geheiratet?

*Friedrich:* Na, die Schneiderin, Fritz! Und der war er auch wirklich eine ganze Weile treu. Als er in Hamburg über die Reeperbahn lief, wurde er von einer dunkelhäutigen Schönheit angesprochen: „Na, junger Mann, kommste mit mir nach Hause?"

*Fritz:* Sag bloß, er ist nicht mitgegangen?

*Friedrich:* Nee, was soll er auch in Afrika? – Hast du schon die Geschichte von unserem Nachbarskind gehört? Der war mit seinem Opa auf dem Spielplatz. Beide stehen auf der Rutsche. Der Kleine rutscht zuerst und kann gerade noch einem spitzen, langen Nagel ausweichen. Er will den Opa warnen, aber der rutscht schon.

*Friedrich:* Oje, wie geht es denn dem Opa jetzt?

*Fritz:* „Oma", musst du jetzt sagen, „Oma"!

*Friedrich:* Was erzählst du mir denn heute andauernd für traurige Geschichten? Hast du denn nichts Lustiges auf Lager?

*Fritz:* Ach was, meine Stimmung ist halt auf dem Tiefpunkt. Meine Frau will sich vielleicht auch von mir scheiden lassen.

*Friedrich:* Komm, mach keinen Quatsch, wieso denn das?

*Fritz:* Ich kann es auch nicht verstehen. Ich war doch so nett zu ihr. Ich habe ihr sogar jeden Morgen den Kaffee ans Bett gebracht. Sie brauchte ihn nur noch zu mahlen.

*Friedrich:* Die Frauen sind nun mal unergründlich. Meine hat morgen Geburtstag.

*Fritz:* Wie alt wird sie denn?

*Friedrich:* Na, so alt wie immer! Und ich weiß immer noch nicht, was ich ihr schenken könnte.

*Fritz:* Schenk ihr doch einen Lippenstift. Den kann sie dir Stück für Stück zurückgeben.

*Friedrich:* Apropos Frauen. Letzte Woche fragte mich so eine Oma, wie sie auf dem schnellsten Wege zum Nordfriedhof käme. Da habe ich sie einfach vor den Bus geschmissen.

*Fritz:* Du bist ja noch brutaler als ich. Mir hat letztens so ein Graphologe aus meiner Handschrift gelesen. Er sagte, ich sei extrem gewalttätig.

*Friedrich:* Was hast du dann gemacht?

*Fritz:* Ich hab ihm eine gescheuert, dass es nur so krachte! Jetzt soll ich meine Nerven beruhigen und in Kur fahren. Nächste Woche geht es los. Wird das schön, morgens im Bett zu liegen und nach dem Diener zu klingeln. Die Kosten trägt die Krankenkasse.

*Friedrich:* Wie? Deine Krankenkasse bezahlt alles, und du hast sogar einen Diener?

*Fritz:* Na ja, einen Diener nicht, aber eine Klingel!

*Friedrich:* Ich will bald für ein paar Tage aufs Land fahren. Da ist das Bier nämlich noch zehn Pfennig billiger.

*Fritz:* Mensch, bist du beknackt. Du musst doch die Fahrtkosten mitrechnen.

*Friedrich:* Ich weiß doch. Aber glaub mir, ich trinke so lange, bis ich Profit mache.

*Fritz:* Da fällt mir ein: Hast du schon zu Abend gegessen?

*Friedrich:* Noch keinen Tropfen.

*Fritz:* Na, dann lass uns doch an die Bar gehen. Vielleicht finden wir dort ja mal Zeit, um uns ein wenig zu unterhalten.

# Flipp und Flapp

*Flipp und Flapp treffen sich auf der Bühne. Flipp ist gut gekleidet, Flapp – im Mantel (mit zwei leeren Flaschen) – ist mit Luftschlangen behängt und wirkt angetrunken.*

*Flipp:* Mensch, ist das ein herrliches Winterwetter. Seit Jahren hatten wir keine so schöne Sauerei auf den Straßen. Ich habe vier Stunden bis hierher gebraucht.

*Flapp:* Ja, was für ein Wetter! – Sag, Flipp, was ist der Unterschied zwischen dem Winter und einem Handwerker?

*Flipp:* Den kenne ich nicht! Gibt es da einen?

*Flapp:* Der Winter kommt bestimmt.

*Flipp:* Als ich klein war, Flapp, war ich fast ein Wunderkind. Meine Familie war schon direkt in Sorge.

*Flapp:* So, so, was du nicht sagst: Ein Wunderkind? Woran hat man denn das erkannt?

*Flipp:* Na, ich war mit drei Jahren schon so schlau wie heute.

*Flapp:* Ja, das ist wirklich bemerkenswert, Flipp. Da kann ich ja stolz sein, dass du überhaupt mit mir verkehrst. – Aber mal was anderes: Ihr fahrt dieses Jahr doch nicht nach Griechenland.

*Flipp:* Ganz falsch, Flapp. Nicht nach Griechenland sind wir im vergangenen Jahr gefahren.

*Flapp:* Und in diesem Jahr?

*Flipp:* Eigentlich wollte ich es ja keinem verraten. Weil du es bist: Dieses Jahr fahren wir nicht nach Hawaii. Aber vielleicht disponiere ich ja doch noch mal um.

*Flapp:* Wieso das denn?

*Flipp:* Ich habe gestern einen ungeheuer wertvollen Ring gefunden. Der ist gut und gerne ein paar Tausend wert.

*Flapp:* Sag, hättest du den Ring nicht doch aufs Fundbüro bringen sollen.

*Flipp:* Wollte ich auch.

*Flapp:* Aber!

*Flipp:* In dem Ring stand doch „Auf ewig Dein". Gegen sein Schicksal, soll man nicht angehen. Mit dem Geld erobere ich jedes Mädchen im Sturm.

*Flapp:* So. Und was machst du bei schönem Wetter?

*Flipp:* Ach, Flapp, du bist ein elender Wortverdreher. Du bist keinen Deut besser als meine Schwiegermutter, mit der ich bis jetzt immerhin seit 20 Jahren ganz gut ausgekommen bin.

*Flapp:* Ja und nun?

*Flipp:* Und nun? Sie kam zu Besuch.

*Flapp:* Ich verstehe!

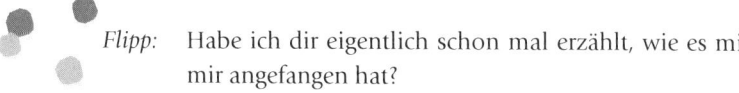

*Flipp:* Habe ich dir eigentlich schon mal erzählt, wie es mit mir angefangen hat?

*Flapp:* Ich glaube nicht, Flipp.

*Flipp:* Also, am Anfang meiner Karriere hatte ich nichts als zwei leere Taschen. Heute habe ich drei Millionen.

*Flapp:* Oh, was machst du denn mit so vielen Taschen.

*Flipp:* Das du es zu nichts gebracht hast, dass wundert mich wirklich nicht. Sei mir nicht böse, Flapp!

*Flapp:* Ich habe immerhin meiner Frau schon mal die Meinung gesagt. Hast du das bei deiner auch schon mal geschafft?

*Flipp:* Na klar, vor 12 Jahren, soll ich dir mal die Narben zeigen? Sag mal, Flapp, kämpft deine Frau auch immer wie eine Löwin, wenn du sie lieben willst?

*Flapp:* Kann ich nicht sagen, ich habe noch nie versucht, eine Löwin zu lieben. Meine Frau ist Wassermann.

*Flipp:* Du, ich habe meiner Frau zu Weihnachten eine Kette gekauft.

*Flapp:* Eine gute Idee, meine Frau läuft auch immer fort.

*Flipp:* *(verdreht die Augen)* Mensch, Flapp, sie trägt die Kette am Hals!

*Flapp:* *(bewundernd)* Auwei, Flipp, du bist ja ein ganz harter Bursche bei den Frauen.

*Flipp:* Ach weißt du, Flapp, ich habe zur Zeit ganz andere Probleme. Du, stell dir vor, ich habe einen anonymen Brief bekommen.

*Flapp:* Ärgere dich nicht. Einfach nicht beantworten.

*Flipp:* *(verdreht erneut die Augen)* Sprechen wir nicht weiter von mir. Ich habe gehört, dass deine Frau nun schon drei Wochen verreist ist.

*Flapp:* Oh ja, das stimmt.

*Flipp:* Wie gefällt dir denn das Leben als Strohwitwer – so frei und ledig?

*Flapp:* Ganz prima, Flipp, ohne meine Frau geht alles viel bequemer.

*Flipp:* So, was zum Beispiel?

*Flapp:* Ja, ich kann meine Socken jetzt von beiden Seiten anziehen.

*Flipp:* Was, das ist alles?

*Flapp:* Was stellst du dir denn so vor, Flipp?

*Flipp:* Ja, andere Frauen vielleicht, wilde, sündige Nächte, Geld verjubeln.

*Flapp:* Ach, weißt du, bis ich da zum ersten Schuss komme, ist meine Frau bestimmt schon wieder zurück.

*Flipp:* Was denn, so schlimm steht es schon um dich?

*Flapp:* Ja, ich bin halt schon eine ganze Weile mit meiner Frau verheiratet, da kommt man halt aus der Übung. – Du, letzte Nacht hatte ich einen furchtbaren Traum. Ich träumte, ich wäre ein Ochs und würde einen Haufen Gras fressen.

*Flipp:* Nun ja, nur ein Traum. Das ist doch nicht weiter schlimm.

*Flapp:* Nicht schlimm! Du weißt nicht alles: Als ich aufwachte, war meine Matratze weg!

*Flipp:* Sag mal, Flapp, wodurch hat eigentlich der Müller Paul seine Gesundheit ruiniert?

*Flapp:* Tja, er hat zu oft auf das Wohl anderer Menschen angestoßen. – Du, Flipp, was ist eigentlich ein Exorzist?

*Flipp:* Sag mal Flapp, bist du jetzt völlig durchgeknallt? Wie kommst du denn jetzt auf Exorzist?

*Flapp:* Ach, ich habe da letztens so einen Film gesehen, in dem lauter so Leute vorgekommen sind – so schreiende kleine Mädchen, die in der Luft hingen, schreiende große Mütter, schreiende starke Väter ... und alle riefen sie immer nach dem Exorzisten. Ich habe mich sehr gegrauselt, grad jetzt, wo doch meine Frau nicht da ist. Die kennt sich mit so 'nem Kram eher aus.

*Flipp:* Also, Flapp, ein Exorzist ist ein Theologe, der sein Fach auf Deubel komm raus studiert hat.

*Flapp:* Sag, wie ist denn gestern abend die Vorstandswahl bei deinem Verein ausgegangen?

*Flipp:* Sage mal, mein Flapp, du hast wohl mächtig an der Flasche genascht. Was du so zusammenredest: Exorzist und Vorstandswahl. Aber gut, wenn dich die Wahl interessiert: Ich bin zum 2. Vorsitzenden gewählt worden.

*Flapp:* Sag nur, was hat denn deine Frau dazu gesagt?

*Flipp:* Die hat gesagt, das ist ja nichts Neues, genau wie bei uns hier.

*Flapp:* Ich lese ja auch sehr gern. Im Augenblick begeistere ich mich für das Kapital von Karl May.

*Flipp:* Ach, Flapp, das Kapital hat doch Karl Marx geschrieben. Das Buch was du meinst, ist von Karl May.

*Flapp:* Ach so. Ich habe mich schon auch gewundert, dass so wenig Indianer vorkommen.

*Flipp:* Da fällt mir ein: Du solltest doch im vergangenen Jahr bei irgendeiner Gräfin eine gute Stellung bekommen. Ist denn daraus was geworden?

*Flapp:* Leider nicht.

*Flipp:* Wieso denn nicht?

*Flapp:* Zuerst musste ich meine Finger zeigen, die waren in Ordnung.

*Flipp:* Ja und weiter? Mensch, nun lass dir doch nicht jedes Wort einzeln aus der Nase ziehen!

*Flapp:* Meine Füße waren auch in Ordnung.

*Flipp:* Ja und dann?

*Flapp:* Als sie sagte, ich soll meine Reverenzen rausholen, muss ich etwas falsch gemacht haben.

*Flipp:* Mensch, Flapp, früher war einfach mehr los mit dir.

*Flapp:* Die Akustik in dieser Halle ist außerordentlich schlecht. Findest du nicht auch, Flipp?

*Flipp:* Nein, kann ich nicht sagen.

*Flapp:* Ich sehe auch plötzlich so schlecht. Alles verschwimmt mir vor Augen.

*Flipp:* Flapp, ich glaube du bist tatsächlich völlig betrunken. *(fast in die Manteltaschen von Flapp und zieht zwei Schnapsflaschen heraus)* Mensch, Flapp, wenn du die allein getrunken hat, mußt du wohl eine Alkoholvergiftung haben.

*Flapp:* Ach, Quatsch. Die hat mir bestimmt die Gardrobenfrau bei der anderen Veranstaltung in die Taschen gesteckt, damit ihr keiner draufkommt.

*Flipp:* Lass mal gut sein, alter Kumpel, ich bring dich nach Haus. – Helau!

# Vize-Ballett (Tanzgruppe)

(Melodie: „Wir sind die Tramps von der Pfalz")

Wir tanzen klassisch, Rock, Walzer und auch Beat.
Wir sind temperamentvoll, wir sind der größte Hit!
In unsern Adern braust und wallt ein heißes Blut,
stehn wir auf der Bühne, spürt man die heiße Glut!
Man ist verrückt auf uns, das finden wir so toll,
wir sind die besten hier – jawohl!

An uns ist was dran, dran, wir sind nicht aus Pappe!
Alles is echt! Nix ist Attrappe!
Die Taille rank, schlank, elastisch das Knie!
Wer uns anschaut, der ist hin – jawohl!

*Wir sind das Viz-Viz-Vizeballett.*
*Sind wir net goldisch, sind wir net adrett?*
*Wir tanzen links – rechts, zurück und auch mal vor,*
*wir sind die Schöööönsten vom Humor – jawohl!*

Männer, die schlau sind, die haben längst erkannt,
wir haben net nur Kurven, wir haben auch Verstand!
Wir haben Erfahrung: in Liebe, in Dur und auch in Moll!
Wir sind die Schöööönsten hier – jawohl!

Wir haben Figur – toll! Von Fett keine Spur!
Haben ein süßes Schnütchen! Sind ganz zarte Püppchen!
Wir sind charmant, witzig und voller Humor!
Darum singen wir im Chor:

*Refrain*

Unser Haut ist zart, rosig. Der Teng ist ein Gedicht!
Wir brauchen keine Schminke für unser schönes Gesicht!
Wir können zeigen, zeigen, unsere schönen Bään!
Gebt doch zu – mir all sind schön – jawohl!

Wir sind die schönst, schönst, Schönsten hier im Saal!
Guckt uns nur an, an uns ist alles dran!
Sind schön von vorne, von hinten und von jeder Seit!
An uns hat jeder Mann sein Freud – jawohl!

*Refrain*

Wenn wir vom Viz-Viz-Vizeballett
schweben mit Grazie über das Parkett,
kein Mann im Saal mehr sitzen kann brav still –
wegen unserm Sexepill – jawohl!

Selbst der Arno, Arno, der Humor-Präsident,
neidvoll uns bewundert, unsere Schönheit anerkennt!
Er hat schon heimlich nach unserem Rezept gefragt,
aber das wird net verrat – nee, nee!

*Refrain*

Wir möchten küssen, küssen, küssen hier im Saal,
alle netten Männer wenigstens einmal!
Von unserem Kuß, da werd ihr dann auch schön!
und jeeeder kann es sehn – DA-JE!

# Wolle mer se reilasse?

Hrsg. D. Kunschmann,
80 S., kartoniert
ISBN: 3-635-60675-8
DM 9,90

Hrsg. D. Kunschmann,
80 S., kartoniert
ISBN: 3-635-60676-6
DM 9,90

Hrsg. D. Kunschmann,
80 S., kartoniert
ISBN: 3-635-60677-4
DM 9,90

Hrsg. D. Kunschmann,
80 S., kartoniert
ISBN: 3-635-60678-2
DM 9,90

Hrsg. D. Kunschmann,
80 S., kartoniert
ISBN: 3-635-60679-0
DM 9,90

Hrsg. D. Kunschmann,
80 S., kartoniert
ISBN: 3-635-60680-4
DM 9,90

FALKEN
Wissen wie.